3. Auflage, 2014

Illustrationen
Alfonso Orombelli

Grafik
sectiond.com

Satz
MFG Mediendesign

Druck
Steiermärkische Landesdruckerei GmbH, 8020 Graz

Gesamtherstellung
Leykam Buchverlag

ISBN 978-3-7011-7940-4

www.leykamverlag.at

DR. TASSILO WALLENTIN

OFFEN

NOCH NIE WAR
MEINUNG SO WICHTIG

GESAGT

LEYKAM

VORWORT

Wir leben in einer Desinformationsgesellschaft. Ursächlich dafür ist vieles, hauptsächlich wohl das menschliche Bedürfnis, in Harmonie mit der Gruppe zu stehen, der Wunsch nach „Akzeptanz in der Gesellschaft". Diese tiefe Sehnsucht jedes Einzelnen nützen die Medien, Politiker und ihre „Spin-Doktoren" immer öfter schonungslos aus, indem sie uns ihre rein kommerziell oder partei- und machtpolitisch gesteuerten Positionen als „die" vorherrschende Mehrheitsmeinung darstellen. Sie täuschen einen breiten gesellschaftlichen Konsens vor, den es in Wahrheit gar nicht gibt. Aus Furcht vor dem Konflikt, der Isolation oder dem Verlust der Stellung oder des Ansehens reagieren viele Mitmenschen hierauf wie das Volk im wundervoll-lehrreichen Märchen „Des Kaisers neue Kleider"; das heißt, es wird nicht einmal mehr gegen offensichtlich Falsches oder Unsinn Widerspruch erhoben. Und wenn Sie nun bedenken, dass auf diese Weise eine aggressive Minderheit die schweigende Mehrheit tyrannisieren und beim Einzelnen auch noch das Gefühl der Verdrossenheit erzeugen kann (das: „Ich kann ohnehin nichts verändern"), dann ist das gefährlich Undemokratische hieran rasch ersichtlich. Daher auch der Untertitel dieses Buches: Noch nie war Meinung so wichtig.

Ich habe in meinen hier chronologisch wiedergegebenen Kolumnen auf verschiedenste Weise versucht, „Aber der Kaiser ist ja nackt" zu rufen, und jedenfalls das, was ich für wahr und richtig halte, offen auch gegen einen vermeintlichen Zeitgeist auszusprechen. Und siehe da, viele Menschen fühlten sich angesprochen und wieder verstanden, und gesunder demokratischer Widerstandsgeist begann sich zu regen. Vereinzelt, um bei Andersens Märchen zu bleiben, wurde „der Kaiser nie wieder in diesen Kleidern gesehen“. Das betraf das Verhindern der Wasserprivatisierung, den Umgang mit unserem Staatsgold, den Sprachunsinn und vieles mehr. Es wäre anmaßend zu behaupten, all dies wäre allein mein Verdienst. Vielmehr gibt es eine lange Liste derjenigen, denen ich zu größtem Dank verpflichtet bin: Da sind die vielen Leser der Neuen Kronen Zeitung, ohne deren Engagement und großen Zuspruch ich nicht weiterschreiben würde; da ist der Herausgeber und Chefredakteur der größten Tageszeitung der Welt, Dr. Christoph Dichand, der mir vollste publizistische Freiheit gewährt. Da ist das gesamte Team der Krone Bunt, allen voran die äußerst engagierte Chefin vom Dienst, Edda Graf, im 16. Stock im Pressehaus die unverzichtbare Andrea Thomas; da ist der Verlagschef von Leykam, Dr. Wolfgang Hölzl, der allen meinen Wünschen entgegengekommen ist, mein väterlicher Freund Hans Lehmann, Max Haupt-Stummer, Jens Hurtig und der begnadete italienische Künstler Alfonso Orombelli. Vor allem aber bedanke ich mich bei meiner Frau Patricia, ohne die ich weder die regelmäßige Kolumne noch dieses Buch je geschrieben hätte.

Wien, im August 2014 — Der Verfasser

INHALT

ERSCHIENEN AM 17.2.2013

WAS BLEIBT VON PAPST BENEDIKT?

Mit Papst Benedikt XVI. geht nicht nur einer der brillantesten Theologen der katholischen Kirche, sondern auch eine ihrer herausragenden Einzelpersönlichkeiten. In seinen zahlreichen (auch für Nichtkatholiken äußerst lesenswerten) Reden, Büchern und Schriften trat dieser hochintellektuelle Papst und ehemalige Hochschullehrer für die Freiheit und Würde des Menschen in einer streng positivistischen Welt ein, in der nur noch das wissenschaftlich Beweisbare und die Evolutionstheorie zählen. Er stellte sich gegen den „Zeitgeist", den erschreckenden Werteverfall Europas und gegen die Gefahren nihilistischer Sozialutopien, die an die Stelle der Religion treten und die menschliche Sehnsucht nach Transzendenz befriedigen. Der Mythos von der „befreiten Gesellschaft", in der Nihilismus und soziale Idee das Gewissen unheilvoll ersetzen sollen. „Es ist", so der Papst, „nicht Aufgabe des Staates, neue Menschen zu erschaffen oder die Welt in ein Paradies zu verwandeln; der Staat kann es auch nicht, und wenn er es versucht, setzt er sich absolut und verlässt seine Grenzen. Er benimmt sich dann, als ob er Gott wäre." Dieser Papst zeigte auch den propagierten Materialismus auf: Gott existiert im öffentlichen Bewusstsein nicht mehr, der Mensch gilt als (sinnloses) Zufallsprodukt der Evolution, kann beliebig reproduziert und geklont werden und hat darüber hinaus auch keine Würde. Die Moral des Einzelnen wird nach dem Recht des Stärkeren überflüssig und damit Korruption zur Selbstverständlichkeit. Ein

Staat als gut funktionierende Räuberbande, der über Macht und Konsum hinaus nichts zu sagen hat. Das Christentum hingegen lehrt Ehrfurcht und Demut vor der Schöpfung und lehnt es ab, Gottes Reich zum politischen Programm zu erheben. Der Messianismus, so Papst Benedikt, ist nicht im Politischen angesiedelt – im Christentum ist Aufklärung Religion geworden: „Gebt dem Kaiser, was des Kaisers ist", hat Jesus Christus gelehrt und der Versuchung widerstanden, Herrscher über Weltreiche zu werden. Im christlichen Glauben geht es nicht um die Errichtung eines Gottesstaates. Der Glaube soll das Gewissen des Einzelnen erwecken und Ethos und Grundwerte schaffen, die nicht dem politischen Spiel von Mehrheit und Minderheit unterworfen sind. „Den anderen seines Rechtes oder seiner Würde zu berauben kann niemals Inhalt des Rechtes werden und Inhalt der Freiheit sein." Allmacht des Staates oder das Mehrheitsprinzip sind keine Wahrheitsquelle, sondern allein die Lehre Jesu Christi der Gottes- und Nächstenliebe. Das Christentum begründet nach Papst Benedikt XVI. damit jenen Grundbestand an Menschlichkeit, den jede Demokratie braucht und den keine Demokratie der Welt selbst schaffen kann.

ERSCHIENEN AM 31.3.2013

GLAUBE: WUNDER ODER WISSENSCHAFT?

Sie fanden aber den Stein weggewälzt von dem Grab und gingen hinein und fanden den Leib des Herrn Jesus nicht. Und als sie darüber bekümmert waren, siehe, da traten zu ihnen zwei Männer mit glänzenden Kleidern. Sie aber erschraken und neigten ihr Angesicht zur Erde. Da sprachen die zu ihnen: „Was sucht ihr den Lebenden bei den Toten? Er ist nicht hier, er ist auferstanden"(Lukas; Kapitel 24)

Werner Heisenberg, Nobelpreisträger der Physik, kam zu der Erkenntnis, dass „der erste Trunk aus dem Becher der Wissenschaft atheistisch macht, aber uns auf dem Grunde des Bechers Gott begegnet". Albert Einstein stellte fest, dass „in der Naturgesetzlichkeit sich eine so überlegende Vernunft offenbart, dass alles Sinnvolle menschlichen Denkens und Anordnens dagegen ein gänzlich nichtiger Abglanz ist". Diese Erkenntnisse höchstbegabter, weltweit ausgewiesener Physiker scheinen auf den ersten Blick die Gottesfrage zu beantworten. Tatsächlich aber sind wir in der eigentlichen Problemstellung des Menschen von heute erst angekommen: Die meisten Menschen sind durchaus der Ansicht, dass es eine höhere Macht oder irgendetwas gibt, das den Urknall, das Universum oder die Evolution angestoßen hat. Nur hat das für den Menschen der Gegenwart keine praktische Relevanz, es kümmert ihn nicht.

Gott wird nicht geleugnet, sondern ist funktionslos. Er hat keinen Einfluss auf den Ablauf eines „modernen" Lebens in der westlichen Welt. Die Gründe dafür sind vielschichtig: Es gibt einen atemberaubenden Fortschritt der Wissenschaft und Technik, auf vielen Gebieten eine noch vor Jahren unvorstellbare „Entschlüsselung“ (man denke nur an die DNS- und Genforschung, das Erspähen neuer Galaxien, ...). Die Enträtselung aller Dinge, so scheint es, ist irgendwann möglich, alles wird dem Menschen wissenschaftlich erklärbar werden. Das Entschlüsselte wird verwendet, verändert, auf andere Wissensgebiete ausgedehnt und „weiterentwickelt“. Embryonen werden aus Hautzellen geklont, es wird in das Erbgut von Tieren und Pflanzen eingegriffen und Genetiker der renommierten Harvard-Universität denken allen Ernstes darüber nach, mit Hilfe der synthetischen Biologie den Neandertaler wieder zu erschaffen. Das lässt viele glauben, alles das selbst zu können, was der Mensch früher von Gott erwartet hat. Der „wissenschaftliche Mensch“ legt nunmehr fest, was sein darf und was nicht, er allein und seine (begrenzte) Vorstellungskraft bestimmen das Mögliche – und die Auferstehung Christi fällt wohl nicht darunter. In diesem Denken liegt eine kolossale Überschätzung der eigenen Möglichkeiten und Unterschätzung der Schöpfung, wie die eingangs zitierten Ausnahmephysiker und Nobelpreisträger erkennen mussten. Schon das große Genie Goethe lässt in seinem „Faust“ den Teufel – „den Geist der stets verneint“ – seinen Spott mit dem wissenschaftlich gelehrten Dummkopf treiben, der an der Wirklichkeit zerbricht, nachdem er die Welt nach einem anfangs geglückten Experiment auf das beschränken will, was er berechnen und beweisen kann. Im Gegensatz dazu steht nach Goethe der Mensch, der in das Große hinausreicht und nach dem kosmisch naturgesetzlichen Ganzen fragt. Der nichtmateriellen Dimension der Wirklichkeit. Der Verschmelzung von Natur und Geist, der geheimnisvoll größeren Vernunft. Die Einschränkung der Welt auf „Tatsachen" zerstört letztlich auch den ungeheuren Schatz an Wissen und Weisheit, der in alter Kultur und Religion steckt. Aus diesem Grund ist in Europa auch ein gewaltiger Kulturverlust und Glaubensrückgang bemerkbar. Europa scheint gegenwärtig nur noch aus Museen, Schulden, Technik und Kommerz zu bestehen (auch einer der vielen Gründe, weshalb der Papst aus Südamerika für die Kirche ein spiritueller Gewinn sein wird). Zudem entstand in der von Gott und Religion zunehmend „befreiten" Gesellschaft nach und nach das Bewusstsein, nicht nur alles zu können, sondern auch alles zu dürfen.

„dass ich erkenne, was die Welt im Innersten zusammenhält"
Goethe „Faust – Der Tragödie erster Teil"

Freiheit bedeutete plötzlich, alles machen zu können. Es gibt zwar Verkehrsregeln menschlichen Verhaltens, aber keine objektiven Werte, keinen Anspruch an sich selbst, keine Verpflichtung im besten Sinne des Wortes. Es kommt zu einer ungehemmten Ausdehnung der Lebenswünsche und der eigenen Person. Einer Gier nach Glück, der Ellbogengesellschaft, zu Korruption und einem rücksichtslosen Leben auf Kosten nachfolgender Generationen, denen noch nie dagewesene Schuldenberge, ein entfesseltes Wirtschaftssystem und zerstörte Ökosysteme hinterlassen werden. Eine UN-Untersuchungskommission hat bereits festgestellt, dass der Menschheit nur noch wenige Jahrzehnte bleiben, bis es

zu spät ist, aus eigener Kraft die Problematik der hochtechnisierten Welt in den Griff zu bekommen. Dennoch werden auf politischer Ebene keine Modelle entwickelt, wie der dringend nötige Verzicht aussehen könnte. In Gegenteil: Eine verantwortungslose, unmoralische und nur am Eigenwohl interessierte Politik stellt die Finanzierung auf Schulden weiter in Aussicht und nährt das Anspruchsdenken sowie die generelle Undankbarkeit. Den Menschen wird weiterhin vorgelogen, dass das, was frühere Generationen als Gnade Gottes angesehen und in demütiger Dankbarkeit hingenommen hätten, heute ein Recht sei für das man nicht dankt, sondern laut stark einfordert. „Die Grundlage eines Staates muss stets die Tugend sein. Wohlstand steht erst an zweiter Stelle“, so dachte das alte China. Im christlichen Europa des frühen Mittelalters galt den Kaisern die Maxime „Alles für die Enkel“. Im Gegensatz dazu stehen die Teilnehmerstaaten der UN-Klimakonferenz in Kopenhagen, die nicht einmal in der Lage waren, eine auch nur unverbindliche Absichtserklärung abzugeben, die voranschreitende Erderwärmung eindämmen zu wollen.
Der Mensch braucht Gott als eine Wahrheit, Vernunft, Gerechtigkeit, objektive Werte, Güte und Liebe schaffende Instanz, die nicht relativiert wird. Die Unmöglichkeit eines davon abgeschnittenen Menschseins ist ein Beweis für seine Existenz. Durch die Welt und ihre geistige Struktur schimmern der schöpferische Urgedanke und seine gründende Macht. Das bekennen überragende Geistesgrößen. Dort, wo der Glaube an Gott schwindet, wird die Welt nicht rationaler: An seine Stelle treten die Mächte des Zufalls und des Chaos, das Wirkliche an sich hat dann keinen Sinn

mehr, in allem Denken und Tun werden die Sinnlosigkeit und der Moralverlust bestimmend bleiben. Für 1,2 Milliarden Christen bedeutet das Osterwunder, dass Gott, der als Mensch zum Bruder geworden ist, mit seinem Tod und seiner Auferstehung die Radikalität der Gnade und Liebe zum Menschen sowie dessen Erlösung gezeigt hat. Der Glaube an dieses „Wunder" ist rational oder, um es mit Goethe zu sagen: Die Dinge sind einfacher, als man glaubt: Denn warum soll der Schöpfer des Himmels und der Erde nicht in der Lage sein, Wunder zu bewirken?

ERSCHIENEN AM 21.4.2013

WIE SICH DER MENSCH DURCH BLINDHEIT SELBST ZERSTÖRT

Doch mit des Geschickes Mächten
Ist kein ewger Bund zu flechten,
Und das Unglück schreitet schnell ...
... Die freie Tochter der Natur.
Wehe, wenn sie losgelassen ...
Denn die Elemente hassen
Das Gebild aus Menschenhand.
Schiller, Das Lied von der Glocke

Schillers Gedicht ist prophetisch. Einer UN-Studie zufolge wird die internationale Staatengemeinschaft ihren Kampf gegen den Klimawandel verlieren. Die globalen Folgen dieses Klimawandels werden nicht beherrschbare Wirbelstürme, Überschwemmungen und Dürren sein. Über viele Jahre dachte man, der moderne Mensch habe gelernt, seine Umwelt zu beherrschen: Weder Tier noch Pflanze noch Umwelteinflüsse hinderten ihn an seinem Entwicklungsweg. Nichts zwang den Menschen zu Rücksichtnahme und Anpassung. Der Mensch hatte die ökologische Interessengemeinschaft verlassen. Nunmehr kündigen sie sich an: Die gewaltigen Wechselwirkungen im Gefüge der von Fabriken, Kraftwerken, Autos, Großstadtmüll und Flugzeugen vergewaltigten Natur. Zu groß war das Zerstörungspotential des modernen Menschen, das der technische Fortschritt mit sich brachte. Ein Fortschritt, der einen einzelnen Menschen größeren

Es entstehen immer größere Schäden,
die noch kaum in unser Bewusstsein dringen.
Über den Umweltschutz hinausgehend,
ist eine neue Gesinnung notwendig,
ein tieferes Gefühl der Verbundenheit mit der Natur.
Hans Dichand

ökologischen Schaden anrichten lässt als zu früheren Zeiten ganze Königreiche: Allein der Luftverkehr wurde zum Ozonzerstörer schlechthin. Jeder der 100 Fluggäste des schnellsten Passagierjets verbraucht bei einem zweistündigen Flug etwa drei Badewannen voll Kerosin. Städteflüge werden für 24 Euro angeboten. Im Gegensatz zu früheren Generationen muss unser ethisches Potential und unsere Verzichtsbereitschaft mit dem rasanten technischen Fortschritt mitwachsen, sonst haben wir den Kampf gegen den Klimawandel verloren.

„Ich halte gegenwärtig für das wichtigste Anliegen der Menschheit, zu erkennen, dass wir zu zerstörenden Parasiten geworden sind … es entstehen immer größere Schäden, die noch kaum in unser Bewusstsein dringen … Über den Umweltschutz hinausgehend, ist eine neue Gesinnung notwendig, ein tieferes Gefühl der Verbundenheit mit der Natur, mit Tieren, Bäumen und Pflanzen."

Das schrieb Hans Dichand vor bald zwei Jahrzehnten im Vorwort seiner Erinnerungen. Der Verleger war zeit seines Lebens stolz darauf, mit seiner Zeitung den Kraftwerksbau in Hainburg mit verhindert zu haben. Natürlich können wir die globalen Probleme in Österreich allein nicht lösen.

Aber am Anfang jeder Veränderung, so gewaltig und revolutionär diese auch sein mag, steht immer ein Gedanke. Vielleicht derjenige, etwas gegen unsere Selbstsucht, unser Anspruchsdenken und die Seelenblindheit für die Natur, die Tiere und Pflanzen, unsere Mitgeschöpfe, zu tun. Der politische Wille ist und bleibt unstrittig der stärkste Umwelt und Klimaschutzfaktor. Wir haben im Herbst Wahlen. Fordern Sie von der Politik konkrete Programme, wie die neue Öko-

logie des Menschen aussehen kann, ohne die Möglichkeiten unserer Zeit auszuklammern. Und messen Sie die Politik daran.
Es ist ein Menschheitsanliegen, wenn wir uns nicht am Ende selbst zerstören wollen.

ERSCHIENEN AM 28.4.2013

EUROPA AUF DEM WEG ZUM DRITTE-WELT-STAAT

Mann der Arbeit, aufgewacht!
Und erkenne deine Macht!
Alle Räder stehen still,
wenn dein starker Arm es will.
G. Herwegh, Bundeslied für den allg. dt. Arbeiterverein

Die Zeiten, als dieser Liedtext von den Gewerkschaften selbstbewusst und mahnend angestimmt wurde, sind vorbei. Die Welt hat sich verändert. Europa kämpft verzweifelt gegen den Abstieg. Die Finanz- und Schuldenkrise hat die Abwärtsspirale beschleunigt. In wenigen Jahren wird keine einzige westliche Nation unter den Top-10-Ländern der größten Volkswirtschaften der Welt sein. Während die Europäer Milliarden Euro für die „Rettung" ihrer maroden Banken und leichtsinnigen Schuldenmacherei zahlen, hat China ein gewaltiges Arbeitsmarkt- und Konjunkturpaket in der Größenordnung von mehreren hundert Milliarden Dollar geschnürt. Die Asiaten wissen, dass die Technisierung und Qualität ihrer Arbeitskräfte im Kampf um die Zukunft entscheidend sind: In China verlassen jährlich zwischen 300.000 und 600.000 Ingenieure nationale Universitäten. In Indien wird die ingenieurwissenschaftlich-technologische Weltelite ausgebildet. Die Aufnahmeprüfungen zählen zu den härtesten der Welt: Nur 0,1% (!) aller Bewerber werden zu einem Studium der Informatik oder Elektrotechnik zugelassen.

In den übrigen aufstrebenden Schwellenländern ist die Situation ähnlich. Der Vorsprung Europas, der sich einst auf bessere Kapitalausstattung, bessere Bildung und bessere Technisierung gründete, ist faktisch nicht mehr gegeben. Die EU verwendet ihre Kreativität auf Schuldengipfel und Regierungen, die ohne Konsequenzen ganze Volkswirtschaften dreist belogen haben und weiter nicht die Wahrheit sagen. Der 1. Mai, „der Tag der Arbeit“, sollte uns nachdenklich stimmen, denn der Wert der Arbeit sinkt stetig: Die technische Revolution führte in Europa zu einem hohen Lohnniveau. Überall dort, wo der technische Vorsprung eingeholt ist, geraten die Lohnsätze unter Druck. Immer mehr Menschen arbeiten für immer weniger Lohn. Das stellt unsere gesamte Lebensweise und unser Sozialsystem in Frage: Der Mittelstand bricht weg. Es kommt zur Konzentration immenser Reichtümer bei wenigen, die immer reicher und für den Staat immer weniger greifbar werden. Mittlerweile ist ein Drittel der Weltwirtschaftsleistung im Besitz von nur rund 63.000 Personen.

Die Staatsverschuldung steigt ebenso wie die Anfälligkeit der Politik für Korruption und Vetternwirtschaft. Die Inflation galoppiert. Eine Technisierungswelle ist nicht zu ersehen: In Deutschland sind 90% der Maturanten den Anforderungen eines Mathematikstudiums nicht gewachsen. An heimischen Universitäten werden Tausende Soziologen, Politik- und Theaterwissenschafter ausgebildet, die zwar das Bildungsniveau erhöhen, aber keinen Beitrag zum wissenschaftlich-technischen Fortschritt leisten. Die Antwort unserer überforderten Sozialpolitiker auf „Europas Dritte-Welt-Syndrom“ erinnert fatal an eine alte Anekdote: In der

Innenstadt wird mit einem Bagger eine Baugrube ausgehoben. Ein Gewerkschaftsführer kommt vorbei. Er stapft durch den Schlamm zum Bauherrn und beschwert sich: „Sie sind so asozial. Die Arbeit könnten doch 100 Männer mit Schaufeln machen." Da ruft der Bauunternehmer: „Ja, warum nicht gleich 1.000 Männer mit Teelöffeln?" Es wird Zeit, aufzuwachen!

ERSCHIENEN AM 5.5.2013

WIE WIR UNSERE SELBSTBESTIMMUNG LÄNGST AN DIE LOBBYISTEN IN BRÜSSEL VERLOREN HABEN ... UND WIE WIR SIE WIEDER ZURÜCKEROBERN KÖNNEN!

Welche Regierung die beste sei?
Diejenige, die uns lehrt, uns selbst zu regieren.
Johann Wolfgang von Goethe, Genie, Staatsmann und Dichter

Die EU macht Schlagzeilen: uniformes Saatgut, Verbot der Glühbirne und Ersatz derselben durch hochgiftige Quecksilberleuchten sowie EU-Wasserrichtlinie, die aus heimischem Wasser ein Spekulationsobjekt machen soll. Zudem lesen wir seit Monaten, dass nach jedem Schuldengipfel viele Milliarden in Pleitestaaten gepumpt werden, immer neue Beitrittskandidaten in die „Sozialunion“ drängen und die EU den Friedensnobelpreis erhält. Wer aber ist „Brüssel“ oder die „EU“? Wer ist für diese Entscheidungen verantwortlich? Wer hat dafür geradezustehen? Herr van Rompuy, Frau Lagarde oder doch Herr Barroso? Es gibt außer ihnen keine Köpfe. Keine Haftung. Niemand, bei dem man sich beschweren kann.

Die EU ist ein Machtapparat ohne Gesicht. Selbst unsere Politiker sprechen kryptisch von „Vorgaben aus Brüssel“. Vorgaben von wem? Von Lobbyisten, vielleicht. In Brüssel agieren derzeit geschätzte 15.000 Lobbyisten, das sind etwa 20 Lobbyisten pro EU-Abgeordneten. Die genaue Zahl steht nicht fest, da Lobbyisten meist das Tageslicht

scheuen. Die Art und Weise der versuchten Einflussnahme offenbarte jüngst tragisch-komisches Videobeweismaterial im Strafprozess gegen einen Ex-Innenminister. Machen wir uns nichts vor: Man könnte an dieser Stelle die Organe und Institutionen der EU erklären und Entscheidungskompetenzen dieser oder jener Stelle zuordnen. Das ändert aber nichts am Ergebnis: Wir haben unsere Selbstbestimmung verloren. Das ist heute offensichtlicher als je zuvor. Dieser Verlust von Selbstbestimmung ist moralisch nur vertretbar, wenn die Entscheidungsträger ehrenhaft sind und von öffentlichen Fragen mehr verstehen als die übrigen Menschen. Das ist in der Politik wohl selten der Fall. Die Korruptionsaffären und U-Ausschüsse sprechen für sich. Das „Recht auf Unfähigkeit und Fehlbesetzung" ist in der Politik ebenfalls zu Hause, weshalb der Staatsbürger die Lage oft besser erfasst als Regierungen und internationale Konferenzen, die weit dümmere und gefährlichere Beschlüsse fassen. Goethe ist schon beizupflichten. Wir sollten wieder lernen, uns selbst zu regieren. Über Jahrhunderte trugen die Menschen die Verantwortung für ihr eigenes Leben. Warum nicht auch heute?
Ein Weg dorthin führt über die direkte Demokratie. Nicht diejenige, die man uns als unverbindliche Umfrage verkauft und von der Lust und Laune der Politiker abhängt. Sondern die direkte Demokratie nach Schweizer Vorbild: Eine Anzahl von Stimmberechtigten soll eine Volksabstimmung über ein neues Gesetz erzwingen können. Das Ergebnis dieser Volksabstimmung ist zwingend umzusetzen, auch wenn Parlament und Regierung daran wenig Gefallen finden. Oder die Einführung von Volksinitiativen, mit denen Gesetzesänderungen gefordert werden können. Allerdings sollte

das Parlament dem Wähler mit der Volksinitiative gleichzeitig einen (moderateren) Gegenvorschlag zur Abstimmung vorlegen können.
Das ließe sich auch auf europäischer Ebene umsetzen. Man bräuchte nur die Regelungen des EU-Vertrages über die Europäische Bürgerinitiative anzupassen, wofür in den einzelnen Mitgliedsländern sicher Mehrheiten zu finden sind. Das Mittel der direkten Demokratie hat noch einen weiteren Vorteil: Die Korruption würde bekämpft. Politische Besitzstandswahrer und Vorteilsnehmer könnten nie sicher sein, ob ihnen am Ende des Tages nicht das Volk einen ordentlichen Strich durch die Rechnung macht. Wir sollten die Zeit zur kommenden Nationalratswahl nützen und von den wahlwerbenden Parteien die Rückgabe unserer Selbstbestimmung einfordern. Damit wir uns wieder selbst regieren.

ERSCHIENEN AM 2.6.2013

DAS FRAGWÜRDIGE GESCHÄFT MIT UNSEREM WASSER

Wie eine geplante EU-Verordnung unter dem Deckmantel der „Marktöffnung" unsere Wasserversorgung Großkonzernen zuspielt.

Das internationale Milliardengeschäft mit dem Trinkwasser ist im Grunde ganz einfach: Stellen Sie sich vor, Ihre Wasserversorgung würde nicht mehr von Ihrer Gemeinde, sondern von einem Großkonzern übernommen. Das Wasser riecht und schmeckt nach Chlor, weil die Säuberung und Wartung der Leitungsrohre für den Konzern zu teuer ist. Es ist billiger und einfacher, (möglicherweise krebserregendes) Chlor zur Wasserreinigung zu verwenden. Ihre Wasserrechnung steigt in den nächsten Jahren merklich an. Dies unter anderem deshalb, weil Sie mit Ihrer Wasserrechnung auch gleich jene Schulden zurückbezahlen, die Ihre Gemeinde beim Großkonzern hat. Ja, Ihre Gemeinde schuldet dem Großkonzern Geld. Denn der Großkonzern hat Ihrer Gemeinde „großzügig" Geld geborgt und als Gegenleistung Ihre Wasserversorgung übernommen. Die Rückzahlung dieses geborgten Geldes samt Zinsen und Zinseszinsen übernehmen Sie auf kurzem Weg über Ihre Wasserrechnung. Kurz gesagt: Sie bezahlen dafür, dass ein Großkonzern an Ihrem Wasserverbrauch Geld verdienen kann. Ihre Gemeinde stellt das Ganze als großartigen Privatisierungserfolg und Maßnahme zum Schuldenabbau dar und errichtet mit dem vom

Großkonzern geborgten Geld ein neues Kongresszentrum oder dergleichen. Ihr Trinkwasser kann übrigens in (umweltschädliche) Plastikflaschen gefüllt und für gutes Geld ins Ausland exportiert werden. Wassersparen ist ein Fremdwort, der Konzern lebt vom Verkauf des Wassers. Sie halten das für einen Scherz? Dann sollten Sie sich mit den Ereignissen der letzten Monate beschäftigen:
Die EU will die Gemeinden künftig dazu zwingen, die lokale Wasserversorgung europaweit auszuschreiben und an den „Bestbieter" zu vergeben. Wer vermutlich „Bestbieter" sein wird, ist leicht auszumachen: Einer der milliardenschweren (u.a. französischen) Großkonzerne im Bereich der Wasserwirtschaft, die bereits jetzt mit dem Verkauf von Wasser gutes Geld verdienen. Wen verwundert es also, dass zufällig ein Franzose, der EU-Kommissar Michel Barnier, den Europäern nunmehr die Vorteile der Privatisierung ihrer Wasserversorgung erklären will? Selbstverständlich erwähnt Herr Barnier nicht, dass es sich um eine alte Forderung der Industrielobbyisten handelt und Wasser aus öffentlichen Brunnen in Portugal seit der von der EU erzwungenen Privatisierung nicht mehr trinkbar sein soll. Auch erwähnte Herr Barnier nicht, dass die Rechnungen der Bürger in Portugal innerhalb von wenigen Jahren um bis zu 400 Prozent angestiegen sind und ähnliche Probleme in Frankreich dazu führten, dass zahlreiche Gemeinden wieder die Hoheit über ihre Trinkwasserversorgung haben wollen. Allen voran die französische Hauptstadt Paris. Herr Barnier sprach lieber von Binnenmarkt und Wettbewerb. Nach massiven Lobbyismusvorwürfen und einer europäischen Bürgerinitiative mit mehr als einer Million Unterschriften musste Herr Bar-

nier nunmehr zum Rückzug antreten und klarstellen, dass auch er keine Zwangsprivatisierung des Wassers wolle. Man habe ihn schlicht falsch verstanden: „Die Kommunikation sei nicht perfekt gewesen.“ Er arbeite deshalb an einer Lockerung der Ausschreibungsverpflichtung der entsprechenden EU-Richtlinie, welche am 10. September im Plenum des Europaparlaments abgenickt werden soll.

Die Gefahr ist also nicht gebannt. Die österreichische Regierung muss jetzt klar Flagge zeigen: Die Wasserversorgung und sämtliche, die unmittelbare Existenzgrundlage der Menschen betreffenden Einrichtungen, dürfen nicht Gegenstand von Zwangsprivatisierungen werden!

Sollte der Staat nicht mehr willens oder in der Lage sein, diese Einrichtungen für seine Bürger bereitzustellen und zu betreiben, so stellt sich die Frage, wofür wir den Staat überhaupt noch brauchen. Es ist die Aufgabe der Politik, dem Land und seinen Menschen die Grundversorgung zu garantieren und zu erhalten. Die notwendige Staatswirtschaft in diesem Bereich braucht aber auch eine schlagkräftige öffentliche und vor allem gerichtliche Kontrolle. Die Politik darf sich hier nicht, wie so oft, aus der Verantwortung stehlen!

ERSCHIENEN AM 30.6.2013

WARUM ES KEIN „TÜRKISCHER FRÜHLING“ WIRD

Am 31. Mai löste die türkische Polizei eine kleine friedliche Demonstration gegen ein Bauprojekt in Istanbul auf. Aufgrund des harten Vorgehens der Exekutive gegen die Demonstranten rollt seither eine gewaltige Wutwelle durch die Türkei, die sich gegen Premierminister Erdoğan und dessen konservativ-religiöse Regierung richtet. Eines aber wird diese Wutwelle nicht bewirken: Erdoğan wird nicht zurücktreten. Premierminister Erdoğan gilt im Volk als starker Mann der Türkei. Er wurde erst vor kurzem mit absoluter Mehrheit gewählt und ist immer noch der bei weitem beliebteste Politiker des Landes. Seine Macht ist unumstritten und die breite Volksmasse an den Protesten nicht beteiligt. Die Situation ist mit dem „Arabischen Frühling“ nicht zu vergleichen, obwohl die Zusammensetzung der Demonstranten ähnlich ist (Studenten und Mittelschicht). Im Gegensatz zum „Arabischen Frühling“ und dem kommunistischen China, das seine Armee auf dem Tian’anmen-Platz aufmarschieren und schießen ließ, greift das türkische Militär in die Auseinandersetzungen nicht ein. In der Türkeifrage wird man dennoch nicht zur Tagesordnung übergehen können. Dieser Konflikt zeigt, dass die Türkei kaum den demokratischen Spielregeln und Werten Europas entspricht: Zu nennen sind die Drohungen des türkischen Europaministers gegen die deutsche Kanzlerin, die 15.000 Beschwerden gegen die Türkei vor dem Europäischen Gerichtshof für Menschenrechte, die Kurdenpolitik, die Einschränkung der Meinungs- und Pressefreiheit, der mit Haft sanktionierte Straftatbestand „Beleidigung des Türkentums", der Anstieg der Steuer auf Alkohol um 700% (seit 2002), mit dem das für Muslime geltende Alkoholverbot faktisch erzwungen wird, sowie der Versuch, per Gesetz das Kopftuch an türkischen Universitäten zu etablieren. Eine Trennung von Staat und Islam ist von dieser türkischen Regierung offensichtlich nicht gewollt. Diese Geisteshaltung steht in scharfem Gegensatz zu der westlichen Säkularisierung, dem Erscheinungsbild und der christlichen Kultur Europas. Europa wird aus den Protesten die Lehre ziehen, dass Grenzen nicht nur im Wirtschaftswachstum, sondern auch in der Geografie und Kultur bestehen.

ERSCHIENEN AM 8.9.2013

AUCH SIE HABEN MACHT!

Wer sich nicht selbst befiehlt, bleibt immer ein Knecht.
Johann Wolfgang von Goethe

Die Lobbyisten der Pharmakonzerne haben in Brüssel wieder ganze Arbeit geleistet. Es soll zu einem europaweiten Defacto-Verbot von Naturheilmitteln kommen. Die seit Generationen bewährten Hausmittel eines Kräuterpfarrers Kneipp, Paracelsus oder der (heiligen) Hildegard von Bingen werden von den EU-Bürokraten nunmehr endgültig verbannt. Den Menschen wird die Möglichkeit genommen, zur Therapie oder Vorbeugung von Krankheiten auf alternative Naturheilmittel zurückzugreifen. Bewährte Arzneimittel aus dem Schoß von Mutter Natur, die sanft und meist nebenwirkungsfrei sind, sollen ohne aufwendige und teure Zulassungsverfahren nicht mehr verkauft werden dürfen, obwohl kein einziger Fall bekannt geworden ist, wonach die Anwendung von Naturheilmitteln zu nennenswerten Problemfällen geführt hätte. Die Nebenwirkungen, Falschdosierungen und Abhängigkeit von rein chemischen Pharmazeutika scheint die EU-Beamten hingegen nicht zu stören. Die Gelder der Krankenkassen werden künftig nur noch in die patentierten Produkte der Pharmariesen fließen. Einziger Nutznießer ist und bleibt die chemische Pharmaindustrie, deren Medikamentenabsätze gesichert und deren Konkurrenten eliminiert werden. Ein durchschaubares Spiel. Doch manchmal kommt es im Leben anders, als man denkt: Ich erinnere an den gescheiterten Versuch der EU-Bürokraten und ihrer Lobbyisten, unsere Wasserversorgung in die Hände von Großkonzernen zu spielen. Mehr als 1,5 Millionen Unterschriften zwangen den zuständigen Herrn EU-Kommissar Barnier zu einem kolossalen Rückzug. Die KRONE stellte sich als einzige österreichische Zeitung an die Spitze der erfolgreichen Bewegung zur Rettung des heimischen Wassers. Ebenso half publizistischer und öffentlicher Druck gegen die sinnlose und dümmliche Saatgutverordnung oder gegen die Zulassung von Pestiziden und führte zum Schutz der Bienen (man denke nur an Vizekanzler Spindeleggers späte, aber legendäre Erkenntnis: „Im Zweifel bin ich für die Biene"). Die Grünen waren an diesen großen Ökologiefragen übrigens stets auffallend uninteressiert und erstaunlich passiv – aber wo „grün" draufsteht, ist offensichtlich nicht immer „grün" drinnen – da soll man sich vom Etikett nicht täuschen lassen. Der Name alleine macht es eben nicht aus. Vielmehr zeigen diese Beispiele, dass sich die Bürger selbst zu ihrem Recht verhelfen müssen. Wir können nicht auf die „hohe Politik" vertrauen. Geschätzte 80% aller Gesetze werden in Brüssel gemacht. Rechtsakte, die sich Institutionen, Gremien oder Personen ausdenken, die keiner wirksamen Kontrolle und keiner persönlichen Verantwortung unterliegen. Hinzu kommt, dass nach offiziellen Schätzungen etwa 15.000 „Lobbyisten" in Brüssel „tätig" sind und die Gesetzgebung eines ganzen Kontinents nach ihrem Geschmack beeinflussen. Man denke nur an die Abschaffung der Glühbirne und die völlig unsinnige Einführung der hochgiftigen (und gar nicht sparsamen) „Energiesparlampen". Um den Einfluss fragwürdiger Lobbyisten hintanzuhalten und gesetzliche Fehlentscheidungen zu korrigieren, benötigen wir eine Kontrolle in Form der direkten Demokratie. Nur so können sich die Herren in Brüssel nie sicher sein, dass ihnen der Bürger nicht noch einen dicken Strich durch die schlechte Rechnung macht. Wenn die Politik die direkte Demokratie per Gesetz aber nicht einführen will, dann müssen wir, die Bürger, diese eben selbst errichten. Mit Unterschriftenaktionen und tatkräftiger Unterstützung von Zeitungen, deren Verleger Bürgeranliegen wirklich ernst nehmen. Denn nichts fürchten Politiker mehr, als nicht wiedergewählt zu werden oder in Umfragen und der Wählergunst abzustürzen. Und genau bei dieser Schwäche sollten wir die Politiker packen! Nützen wir die Gelegenheit für einen weiteren Sieg. Damit die Naturheilmittel de facto nicht für alle Zukunft verboten werden, hat die KRONE gemeinsam mit dem Österreichischen Umweltdachverband eine Plattform eingerichtet, die den Bürgern die Möglichkeit gibt, gegen das Brüsseler Vorhaben zu protestieren. Damit wir uns wieder selbst befehlen und nicht zu Knechten werden.

ERSCHIENEN AM 15.9.2013

BILDEN SIE SICH IHRE MEINUNG SELBST!

Eine Meinungsumfrage ersetzt nicht das selbstständige Denken.
Warren Buffett

„Ich glaube nur der Statistik, die ich selbst gefälscht habe", soll Winston Churchill einst geäußert haben. Mit britischer Ironie wird zum Ausdruck gebracht, was man in Zeiten des Wahlkampfes nicht vergessen sollte: Meinungsumfragen dienen der Massensuggestion, also der gezielten Beeinflussung und Manipulation der öffentlichen Meinung. Sie sind ein Kampfmittel der Politik. Parteinahe Meinungsforschungsinstitute sollen die Wähler mit den Ergebnissen ihrer Umfragen ganz im Sinne ihrer (sehr gut zahlenden) politischen Auftraggeber beeinflussen. Die Manipulation erfolgt nicht selten bereits durch die Art der Fragestellung. Wie würden Sie beispielsweise folgende (simple) Frage beantworten: Darf man beim Beten rauchen? (Wohl eher nein.) Und nun fragen Sie umgekehrt: Darf man beim Rauchen beten? (Wohl ja.) Und schon haben Sie das gewünschte Umfrageergebnis.

Es gibt natürlich noch zahlreiche weitere Manipulationsmöglichkeiten. Fest steht aber, dass kein politisches Vorhaben dumm genug sein kann, als sich zur Rechtfertigung nicht irgendeine positive Umfragestatistik produzieren ließe. Gerade die gesellschaftspolitischen Ansätze der Parteien, die fast immer dem gesunden Menschenverstand widersprechen, werden stets mit der passenden Umfrage gerechtfertigt.

Obwohl die Politiker die manipulative Wirkung ihrer Umfragen und Prognosen genau kennen, nimmt erstaunlicherweise die Abhängigkeit der Politik von den Meinungsforschern immer mehr zu. Eigenes Urteilsvermögen wird von einem Politiker nicht mehr verlangt, solange er nur die Meinungsforscher befragen kann. Je mehr ein Politiker sich aber auf Umfrageergebnisse verlässt, desto schlechter wird seine Politik. Denn gelegentlich sind eigenes Denken, Urteilsfähigkeit, Fachwissen, Verantwortungsgefühl, Weitsicht und charakterliche Integrität notwendig, um ein Land zu regieren und künftigen Generationen zu erhalten.
In dem zuletzt genannten Sinne sollten wir Wähler den Politikern etwas voraushaben und in zwei Wochen unsere Wahlentscheidung treffen – nicht taktisch und beeinflusst von Umfrageprognosen und Koalitionsvarianten, sondern allein nach der Tauglichkeit der Parteien.

ERSCHIENEN AM 22.9.2013

WARUM DIE WELT DIESEN PAPST BRAUCHT

Als Papst Franziskus einen Militärschlag gegen Syrien mit außergewöhnlich scharfen Worten verurteilte, änderte sich schlagartig das Gefüge der Weltpolitik. Die Kirche unter Franziskus weist die Mächtigen der Welt wieder in die Schranken.

Papst Franziskus stellte vor der versammelten Weltpresse die als Anklage vorgetragene Frage, ob es sich im Syrienkonflikt nicht um einen Handelskrieg handelt, um bei illegalen Geschäften Waffen zu verkaufen. Diese Offenheit war völlig neu und entsprach so gar nicht den diplomatischen Regeln. Als der Papst dann im Vatikan auch noch Christen, Juden, Muslime, Sunniten und Schiiten zum gemeinsamen Friedensgebet vereinte, mit Präsident Assad telefonierte und einen Brief an Wladimir Putin schrieb, geriet US-Präsident Obama mit dem in Aussicht gestellten Militärschlag erstmalig in ein – wie die Amerikaner sagen würden – „PR-Desaster".

Tatsächlich werden die Mächtigen der Welt künftig mit dem streitbaren Papst Franziskus rechnen müssen. Denn der kluge Jesuit Franziskus hat die weltpolitische Rolle der Kirche genau erfasst: Die Macht der Kirche liegt in ihrem moralischen Gewicht. Der Papst ist nicht nur das Oberhaupt von rund einer Milliarde Katholiken, sondern auch der Stellvertreter Christi auf Erden. Jede politische Aktion, die der

Papst offen und scharf verurteilt, kann nicht mehr den Anspruch darauf erheben, „gut“ oder „gerecht“ zu sein. Der Aktion fehlt die moralische Legitimation. Natürlich wird in der Weltpolitik auch künftig – ohne Moral – nach dem Recht des Stärkeren gehandelt – da soll man sich nichts vormachen. Aber kein Politiker und keine Nation kann es sich auf Dauer erlauben, offen ausgesprochenes „Unrecht“ zu verwirklichen oder unmoralische Politik zu betreiben oder gar auf dieser Grundlage einen Krieg zu führen. „Wie viele Divisionen hat der Papst?“, hatte der sowjetische Diktator und Massenmörder Stalin einst zynisch gefragt. Die Antwort hierauf lautet: Der Papst benötigt keine Armee, um mächtig zu sein. Andernfalls hätte das Wirtschaftsmagazin „Forbes“ den Papst nicht auf Platz 5 der „Forbes“-Liste der mächtigsten Menschen der Welt gesetzt. Das Papstamt alleine ist aber zu wenig, um die weltpolitische Rolle der Kirche zu tragen. Es kommt entscheidend auf die Glaubwürdigkeit und Ausstrahlung des Amtsinhabers an. Und Franziskus ist glaubwürdig und hat Charisma: Papst Benedikt XVI. hielt ihn für einen Heiligen. Als junger Jesuitenpater wagte er sich zu den Ärmsten in die Slums von Buenos Aires, dort, wo selbst die Polizei mit gepanzerten Fahrzeugen nicht mehr hinfährt. Als Erzbischof verzichtete er auf jeden Luxus und fuhr mit der U-Bahn. Die Menschen in seiner Heimat wollten ihn nicht nach Rom gehen lassen, weil er zu Hause gebraucht wurde. Er war schlicht unersetzlich. Schon das Verhalten nach seiner Papstwahl war bemerkenswert: Er bat die Gläubigen auf dem Petersplatz um ein stilles Gebet für seine Mission. Beim anschließenden Abendessen setzte er sich nicht auf den Thronsessel, sondern zu den übrigen

Kardinälen. Später holte er sein Gepäck aus dem Gästehaus selbst ab, bezahlte sein Zimmer, ging zu Fuß zum Apostolischen Palast und wünschte den Gläubigen eine gute Nacht. Als Papst ruft er Vergewaltigungsopfer an und versprach einer verzweifelten Frau, die ein uneheliches Kind erwartete und vom verheirateten Kindsvater zur Abtreibung gedrängt wurde, ihr Kind persönlich zu taufen. Er kritisiert die „kirchliche Selbstbezogenheit" und verhängt einen Titelstopp. Er erklärt, dass die Kirche sich wieder auf Christus besinnen müsse und er sich nach dem heiligen Franz von Assisi benannt hat, weil er „die Armen nicht vergessen wollte". Am Weltjugendtag 2013 brachte es seine Sendung auf den Punkt: „Ich habe weder Gold noch Silber, aber ich bringe das Wertvollste, das mir gegeben wurde: Jesus Christus!" Er gibt einer aus den Fugen geratenen Welt ein Gewissen. Dafür lieben ihn die Menschen. Franziskus wird einer der großen Päpste der Kirchengeschichte werden.

ERSCHIENEN AM 29.9.2013

KENNT DIE GEWALT KEINE GRENZEN MEHR?

Er nennt's Vernunft und braucht's allein,
um tierischer als jedes Tier zu sein.
Goethe, „Faust I"

Die Nachrichten über Gewaltexzesse überschlagen sich in den letzten Wochen. Der Wilderer von Annaberg erschießt kaltblütig drei Polizisten und einen zu Hilfe eilenden Rotkreuz-Helfer. Letzteres kommt nicht einmal im Krieg vor. Am Wochenende wird eine harmlose Passantin von einem Gewalttäter unvermittelt vor die U-Bahn gestoßen. Im Fernsehen wird ein Tatort ausgestrahlt, der offen zeigt, wie ein Bub eine Frau anzündet und ein Zuhälter eine Kommissarin zunächst minutenlang brutal zusammenschlägt, um dann einen Mordversuch zu starten.

Es bleibt offen, was dem Zuseher die unnötige Gewaltdarstellung eigentlich sagen sollte. Außer Quote vermutlich nichts. Letztlich kristallisiert sich aus all dem eine Frage heraus: Nimmt die Hemmung zu töten in unserer Gesellschaft ab? Hier kommt man um ein wenig Naturgeschichte nicht herum: Eine Taube oder ein Hase sind nicht imstande, auch nur einen einzigen ihrer Artgenossen durch einen Schlag oder Biss zu töten. In freier Wildbahn besteht gar nicht die Möglichkeit, dass ein derart „harmloses" Tier ein gleichartiges stark beschädigt. „Mutter Natur" hat diesen Lebewesen daher auch keine Hemmung ausgezüchtet, die das Töten von Artgenossen verhindert.

Ganz im Gegensatz zu den „schwer bewaffneten" Raubtieren wie Wölfen oder Tigern: Ein Wolf kann mit einem einzigen Zuschnappen einem anderen Wolf die Halsvene aufreißen. Es gebe längst keine Wölfe mehr, wenn nicht eine angeborene Hemmung die Tötung eines Artgenossen verhinderte. Dabei bietet der im Kampf unterlegene Wolf dem siegreichen Gegner seine äußerst verwundbare Halsvene dar. Der Sieger beißt aber nicht zu, sondern lässt vom Unterlegenen ab und tötet ihn nicht. Vermenschlicht gesagt, handeln Wölfe ritterlich. Oder – wie der Volksmund sagt – „eine Krähe hackt der anderen kein Auge aus".

Wie aber steht es mit dem Menschen? Zunächst ist mit einem alten Vorurteil aufzuräumen: Der Mensch ist KEIN Raubtier (wie der Wolf oder Tiger). Der Mensch ist ein verhältnismäßig harmloser Allesfresser, dem von Natur aus starke Waffen wie Pranken oder Reißzähne fehlen. Daher waren beim Menschen – genau wie bei den Tauben oder Hasen – keine Hemmungen zur Verhinderung eines plötzlichen Totschlags nötig. Und genau da beginnt das Übel.

Mutter Natur konnte nicht ahnen, dass der Mensch sein Gehirn dazu benützt, um künstliche Waffen zu bauen. Waffen, die den Menschen schlagartig gefährlicher als ein Raubtier machen und seine Fähigkeit zum Töten ins Unermessliche steigern (Giftgas, Atombomben, etc.). In demselben Maße, in dem unsere Fähigkeit, Waffen zu benützen, gewachsen ist, muss daher auch unsere Moral, „Ritterlichkeit", wachsen. Wir selbst müssen in unserem Sozialverhalten „Tötungshemmungen" kultivieren, weil wir diese Hemmungen von Natur aus nicht haben. Wir sind eben keine „höher entwickelten Raubtiere", das waren wir in der Naturgeschichte auch nie. Achtung vor Mensch, Tier und Natur, Verantwortungsgefühl und das Dienen der Gemeinschaft sind die wohl zeitgemäße Form der Tötungshemmung. Die egoistische Kommerz und Ellbogengesellschaft, das Prinzip von „Fressen oder Gefressenwerden" sowie zur Schau gestellte, pseudo-reale Gewaltexzesse im Fernsehen dienen dem Gegenteil. Sie bauen die wenigen Hemmungen ab. Es liegt daher an der Politik, den Schulen, aber auch an einem mit Bildungsauftrag ausgestatteten ORF, menschliche Werte öffentlich zu propagieren. Auch darüber entscheiden Sie bei der heutigen Nationalratswahl.

ERSCHIENEN AM 20.10.2013

EUROPA – EIN EINWANDERUNGSKONTINENT?

Brüssel ließ diese Woche mit folgender Aussage aufhorchen: „Europa muss endlich anerkennen, dass es ein Einwanderungskontinent ist." Das ist neu oder, besser gesagt, fast neu. Genau genommen handelt es sich um die Wiedergeburt einer tot geglaubten kommunistischen Idee: Damals wollte man „das Kapital an die Menschen verteilen". Das endete – außer für die Parteibonzen – regelmäßig in einer Massenverelendung, weshalb man bemüht ist, die gestrandete Idee in einem neuen Kleid zu präsentieren: und zwar als „EU-Einwanderungspolitik". Nunmehr sollen also „Menschen zum Kapital verteilt werden" – als ob das einen Unterschied in den Erfolgsaussichten machte. Dass die wirtschaftliche Stärke Europas weniger mit Einwanderung und mehr mit Bildung und Technisierung zu tun hat, ist zu den vom Steuerzahler subventionierten Berufspolitikern noch nicht vorgedrungen. Auch nicht, dass in dem von Brüssel gerne zitierten „Mustereinwanderungsland USA" eine gewaltige Schere zwischen „Arm" und „Reich" klafft und Einwanderer sieben Jahre lang (!) keinen Cent vom Staat erhalten. Sozialversicherungen und dergleichen gibt es dort ohnehin nicht für jeden. Dafür jede Menge harte Arbeit.
Die Lösung, um Tragödien wie in Lampedusa künftig zu verhindern, liegt daher nicht in einer unkontrollierten Massenzuwanderung und damit zwingenden Senkung der sozialen Standards wie in den USA. Europa kann das Elend

der Welt beim besten Willen nicht durch Migration lösen. Aus diesem Grund riegelt das „Mustereinwanderungsland USA“ seine Grenze zu Mexiko auch mit einem tausend Kilometer langen Zaun ab. Die Lösung des Problems kann nur in der verpflichtenden „Hilfe zur Selbsthilfe“ liegen. Die Not leidenden Länder müssen dazu befähigt werden, selbst Arbeitsplätze zu schaffen, Wüstengebiete nutzbar zu machen, die Infrastruktur zu verbessern und einheimische Industrien zu fördern. „Gebt uns nicht den Fisch, sondern lehrt uns, selbst zu angeln“, fordert Bischof Johnson Gakumba von der Diözese Uganda. „Wer immer strebend sich bemüht, den können wir erlösen“ heißt es hierzu in Goethes Faust.
Dazu brauchen diese Länder aber nicht nur unsere Wirtschaftshilfe, sondern auch (junge) Menschen, die an ihr Land glauben und nicht davonlaufen. Die UNO erwägt bereits erste Maßnahmen vor Ort. Konzepte der EU stehen vollends aus. Dort träumt man noch unfinanzierbare Sozialutopien. Im Frühjahr 2014 finden Europawahlen statt. Das ist die Gelegenheit, um von den Parteien taugliche Zukunftspläne zu fordern. Wir selbst haben es in der Hand, durch den Druck der Wahlen eine vernünftige, humane Europapolitik mit Zukunft zu gestalten. Die „Krone“ stellt sich dabei verlässlich auf die Seite der Bürger. Nützen wir diese Chance!

ERSCHIENEN AM 26.10.2013

DAS LICHT VON DRÜBEN[1]

Was geschieht, wenn wir sterben? Bricht unser Leben sang- und klanglos ab, oder wird uns Gott vom Tode auferwecken? Kehren wir als Tiere wieder, wie der Hinduismus es für möglich hält, oder vielleicht nach vielen Generationen als ganz andere Menschen? Diese Frage wird die Naturwissenschaft vermutlich nie lösen können. Einige Einblicke gibt aber die Nahtodforschung. Der amerikanische Psychiater Dr. Raymond A. Moody beschäftigte sich mit über 1000 Fallbeispielen von Menschen, die klinisch tot waren und wiederbelebt werden konnten.

Durch die Entwicklung der Herz-Lungen-Wiederbelebung gibt es heute sehr viel mehr Todesnähe-Berichte als noch vor 25 Jahren. Die große Mehrheit der Menschen, die von einem Sterbeerlebnis berichten, wäre vor 30 oder 40 Jahren mit Sicherheit gestorben. Die meisten Todesnähe-Erlebnisse treten ein, wenn das Gehirn nicht mehr genug Sauerstoff bekommt. Vielen Menschen wird nicht bewusst, dass das Todesnähe-Erlebnis, das sie durchmachten, etwas mit dem Sterben zu tun hat. Sie schweben über ihrem Körper, betrachten ihn aus einiger Entfernung und sind verwirrt. In diesem Stadium empfinden die Betroffenen meist Furcht, die jedoch bald einem vollkommenen Verstehen des Geschehenen Platz macht. Es öffnet sich ein Tunnel an dessen Ende

1 Dr. Raymond A Moody, Das Licht von drüben, Rowohlt Taschenbuch Verlag

Gibt es ein Leben nach dem Tod?
Die Sterbeforschung bringt überraschende Ergebnisse.

ein strahlend helles Licht steht. Trotz seiner gewaltigen Leuchtkraft blendet dieses Licht nicht die Augen, sondern ist warm, kraftvoll und lebenssprühend.
Der Tiefenpsychologe C. G. Jung hatte, als er einen Herzinfarkt erlitt, ein solches Erlebnis. Er habe gespürt, wie er „schnell aufgestiegen ist zu einem Punkt weit oberhalb der Erde. Das, was jenseits des Todes sich ereignet, ist so unaussprechlich großartig, dass unsere Imagination und unser Gefühl nicht ausreichen, um es auch nur einigermaßen richtig aufzufassen ... Die Auflösung unserer zeitbedingten Form in der Ewigkeit ist kein Verlust an Sinn. Vielmehr lernt der kleine Finger seine Zugehörigkeit zur Hand erkennen".
An die Stelle der äußeren Umgebung tritt eine farbige, dreidimensionale Lebensrückschau, so die Ergebnisse von Moody. Man sieht nicht nur jede einzelne Handlung, die man im Leben je ausgeführt hat, sondern nimmt auch unmittelbar die Folgen wahr, die jede Handlung auf die Beteiligten hat. Wer einen Menschen lieblos behandelt hat, nimmt sofort das Bewusstsein des Menschen an, den er lieblos behandelt hat und fühlt seine Kränkung. Umgekehrt werden bei liebevollen Handlungen die Empfindungen des anderen von Freude verspürt. Diese Rückschau wird von einem grenzenlose Liebe ausstrahlenden „Lichtwesen" begleitet, das nicht verurteilt, sondern sich um den Betroffenen sorgt. Auch sieht man verstorbene Freunde und Familienmitglieder wieder, die eine andere Gestalt besitzen ...
Kritiker sehen Todesnähe-Erlebnisse als Reaktion des Gehirns auf extreme Bedingungen oder auf den Zustand schwerer Bewusstseinstrübung. Natürlich wäre es denkbar, dass das Gehirn in großen Bedrängnissen Tunnelerlebnis-

se, Lebensrückschauen und Lichtwesen halluziniert. Das erklärt aber nicht, weshalb die Betroffenen nach ihrer Sterbeerfahrungen angeben können, was zur gleichen Zeit in anderen Räumen oder an anderen Orten passiert ist. Auch die Erklärung, es handle ich um einen Abwehrmechanismus des Gehirns gegen die Todesangst, ist nicht schlüssig: Im Gegensatz zu Kriegserlebnissen, Naturkatastrophen oder schweren Unfällen nehmen Betroffene ihre Todeserfahrung äußerst positiv auf. Die Betroffenen (sogar Atheisten) erhalten ein ganz klares Bild von Gott und Religion und wenden sich von rein theoretischen kirchlichen Lehren ab. Nächstenliebe gilt als höchstes Gut – Materialismus und Selbstsucht zählen nicht mehr. Welche Naturwissenschaft, welches parteipolitische Programm kann schon so etwas bewirken?

GIBT ES EIN LEBEN NACH DEM TOD?

Um Allerheiligen beschäftigen uns die Fragen des Seins, des Verlusts und des Danach noch mehr als sonst. Die „Krone“ traf den bekannten deutschen Sterbeforscher Bernard Jakoby zum Interview.

Was kommt eigentlich danach? Was ist, wenn nichts mehr ist? Gibt es ein Leben nach dem Tod – auch abseits des religiösen Glaubens?

Bernard Jakoby (56) ist Deutschlands führender Sterbeforscher, Bestseller-Autor und Vortragender zu diesem Thema. Im Zuge unzähliger Interviews mit Sterbenden, die den Weg in die andere Welt und auch wieder zurück hinter sich haben, kam er zum Schluss: „Es gibt eine Dimension abseits unseres Seins hier."

Was konkret ist eine Nahtoderfahrung?
Nahtod bezeichnet Erlebnisse von Menschen, die klinisch tot gewesen sind und weder über Bewusstsein noch Selbstbewusstsein verfügen konnten. Und die sich außerhalb ihres eigenen Körpers befunden und Dinge wahrgenommen haben, die sie normal gar nicht hätten wahrnehmen können. Eines von unzähligen Beispielen: Eine Frau hatte eine schwere Kaiserschnittgeburt. Die Ärzte kämpften um ihr Leben. Sie macht die Erfahrung, dass sie aus dem Körper aussteigt und zuschaut, wie sich die Ärzte um ihr Leben bemühen. Dann schwebt sie in den Nebenraum und schaut, wie ihre soeben geborene Tochter gebadet wird, die sie noch gar nicht gesehen haben konnte, weil sie ja zu diesem Zeitpunkt in der Intensivstation auf dem Operationstisch liegt. Dann sieht sie ihren Sohn, befindet sich gleichzeitig sozusagen auch in seiner Gegenwart und kann danach genau beschreiben, wie das Hotel ausgesehen hat, in dem er sich aufgehalten hat. Sie ist später sogar dahin gereist und hat sich davon überzeugt, dass sie tatsächlich an diesem Ort, den sie ja zuvor gar nicht kannte, gewesen ist. Das fand ich schon sehr bemerkenswert. Es zeigt ja auch die Gleichzeitigkeit des Erlebens und dass Raum und Zeit, so wie wir sie üblicherweise kennen, aufgehoben sind. Es wird alles gleichzeitig erlebt.

Sie beschreiben in Ihrem Buch, dass Menschen mit einem Nahtoderlebnis auch bereits Verstorbene sehen.
Das ist eines der häufigsten Motive, gerade wenn es in diese Tunnelsituation hineingeht, zu diesem Übergang. Da kommt es sehr häufig zu einer Begegnung mit Verstorbenen, die immer so aussehen wie in der besten Zeit ihres Lebens. Das sind natürlich Bilder, die uns gegeben werden, damit wir unsere verstorbenen Verwandten wiedererkennen können. Es wird auch viel davon berichtet, dass Lichtwesen gesehen werden oder Engel oder Ähnliches, mythologische Gestalten, um mal vorsichtig zu formulieren.

Da kommen wir zu einem wichtigen Punkt: In der Bibel gibt es Berichte über die Auferstehung Christi. Sie schreiben in Ihrem Buch, dass gerade die biblischen Darstellungen nicht symbolisch zu verstehen sind, sondern dass es sich um reale Aussagen handelt. Stichwort himmlisches Jerusalem, Lichtwesen. Können Sie uns dazu etwas sagen?
Das Interessante ist, wenn man sich diesbezüglich mit der Auferstehung von Jesus Christus beschäftigt, dass all diese Aspekte der Nachtod-Kontakte da sozusagen schon vorweggenommen sind. Das heißt: Jesus erscheint seinen Jüngern als Gegenwart, er ist sichtbar, er kann berührt werden. Also das sind ja alles Aspekte vom Nachtod. Es deckt sich auch mit den Schilderungen von Lichterfahrungen, die viele als Begegnung mit Gott schildern. Das heißt, es gibt eine Urkraft hinter allem Sein, wir sind in einem größeren Sein eingebunden, in einem größeren geistigen Sinnzusammenhang. Und es zeigt, dass Gott Liebe ist. Das ist das Entscheidende.

In der Auferstehungsgeschichte wird geschrieben, dass die Jünger in die Höhle kamen und zwei Engel mit leuchtend weißen Gewändern sahen. Meinen Sie, dass sich das auch in die beschriebenen Nahtoderlebnisse einfügt, Lichtwesen, weißes Gewand etc.?
Ja, das kommt sehr häufig vor. Es ist nur dann die Frage, wie man das interpretiert. War es jetzt ein Engel, oder war es ein Verstorbener?

Gibt es Unterschiede in den Nahtoderfahrungen, abhängig von Kultur und Religion?
Wir tragen alle den göttlichen Funken in uns – unabhängig von der Religionszugehörigkeit. Nahtoderfahrungen sind interkulturelle Phänomene. Sie zeigen, was Sterben bedeutet, oder was wir alle einst beim Sterben erleben. Da gibt es keine Unterschiede – außer dass es für die einen halt Licht oder Engel, Gott oder Christus ist und für die anderen zum Beispiel Allah oder irgendein anderer Gott. Von der Essenz her ist es dasselbe. Es geht um die Urkraft und den göttlichen Funken. Es geht um die Liebe und das Verzeihen. Das können wir daraus schon fürs Leben lernen, denn im Sterben passiert es dann ja sowieso.

Das sind ja die christlichen Werte der Nächstenliebe, des Verzeihens, der bedingungslosesten Liebe.
Das sind nicht nur christliche Werte meiner Ansicht nach. Das sind universale Werte. Denn Gott ist für mich die Urkraft hinter allem Sein. Insofern ist das auch nicht unbedingt an eine spezifischere Religion gebunden. Das muss man vielleicht auch mal sehen. Letztlich schildern doch alle,

dass es in der Lebensrückschau, die sie beim Sterben erleben, um die Liebe geht und nichts anderes.

Was ist das genau, die Lebensrückschau?
Die Lebensrückschau ist der wichtigste Aspekt einer Nahtoderfahrung überhaupt, weil sie uns zeigt, worum es eigentlich in unserem Leben geht. Die Betroffenen erleben ihr ganzes Leben und sind plötzlich auch konfrontiert mit dem Schmerz, den sie anderen zugefügt haben. Z. B. haben Sie sich mit Ihrer Tante im Alter von 30 Jahren für immer zerstritten: Dann spüren Sie in der Lebensrückschau plötzlich den Schmerz, den es der Tante bereitet hat, dass Sie sich nie wieder gemeldet haben. Es geht um diese Grundsatzerkenntnis, dass der Tag kommt, an dem wir nichts mehr vor uns selbst verbergen können. Es kommt alles an die Oberfläche, was wir zuvor verdrängt haben. Es geht auch um Aussöhnung. In den gegenwärtigen Sterbeprozessen der 80- bis 90-Jährigen können Sie feststellen, dass der nicht verarbeitete Krieg plötzlich eine ganz große Rolle spielt. Ich halte es übrigens auch für keinen Zufall, dass wir gerade in dieser Generation so viele Alzheimer oder Demenzerkrankungen haben. Manche können es einfach nicht mehr ertragen, weil es zu viel ist, was sie ihr Leben lang verdrängt haben.
Das heißt: Wir müssen mehr Vergebungsfähigkeit lernen! Was hält uns davon ab, wenn Sie sich heute mit der Nachbarin wegen einer läppischen Bemerkung zerstritten haben, am nächsten Tag hinzugehen und das zu bereinigen, dann haben Sie nichts mehr zu fürchten. Es ist erledigt. Vergebung und Selbstvergebung sind wichtig, damit wir uns von Belastendem der Vergangenheit lösen. Ich weiß nicht, ob Sie sich erinnern

an Mirko? Das war der 11-jährige Junge in Deutschland, der auf brutalste Art und Weise missbraucht und ermordet worden ist. Da sind die Eltern danach zur Presse gegangen und haben gesagt, dass sie diesem Menschen, der ihnen das angetan hat, vergeben. Es ging ihnen um den seelischen Frieden. Wenn man sich ewig an Groll, Wut oder Hass festklammert, dann kann man kein freies Leben mehr führen. Man muss sich vom Negativen befreien. Das ist es ja, was die Angst der Menschen vor dem Sterben ausmacht: dass sie damit konfrontiert werden. Aber das brauchen sie ja nicht mehr, wenn sie es zu Lebzeiten schon getan haben.

Was ist die Sterbeforschung eigentlich – Wissenschaft oder Esoterik?
Es ist natürlich keine Esoterik. Ob es dann eine Wissenschaft ist, ist noch die Frage, weil man Nahtoderfahrung oder Nachtodkontakt nicht wirklich beweisen kann. Es handelt sich aber um empirische Erlebnisse bei Menschen, die wieder und wieder berichtet werden. Es gibt auch das breite Phänomen von Nachtodkontakten, wenn Verstorbene spontan mit uns in Kontakt treten, um uns mitzuteilen, dass sie um uns sind und alles mitbekommen.

Gerade von medizinischer Seite wird im Hinblick auf diese Nahtoderfahrungen argumentiert, das sei Einbildung oder Halluzination.
Wenn ich sehe, wie häufig dieses Phänomen beschrieben wird – sogar von Menschen, die davor überhaupt nicht daran geglaubt hatten und danach ganz aufgescheucht sind vom Erlebten – kann man das in Abrede stellen.

Haben Sie noch Angst vor dem Tod?
Nein, überhaupt nicht. Die Menschen hätten keine, wenn sie all das, was wir von Sterbenden erfahren haben, in ihren Alltag integrieren würden: das Leben von Liebe, die Vergebung, das Aussöhnen. Das Sterben wird in Nahtoderlebnissen als etwas Positives, etwas Erlösendes beschrieben, vor dem wir keine Angst haben müssen.

Gibt es nach dem Stand Ihrer Forschungen ein Leben nach dem Tod?
Ich würde das absolut mit Ja beantworten! Es zeigt mir alles ganz eindeutig, dass Bewusstsein unabhängig von unserem Körper existiert. Und dass es nicht, wie viele behaupten, ein reines Produkt des Gehirns ist. Und dass es eine andere Dimension des Seins gibt.

Was können Sie Menschen sagen, die gerade jetzt zu Allerheiligen um Verstorbene trauern? Welche Botschaft können Sie diesen Menschen geben?
Ganz wichtig ist für Trauernde, zu wissen, dass die Verstorbenen eigentlich immer um uns sind und dass sie auf vielfältige Weise versuchen, uns Zeichen ihrer Anwesenheit zu geben. Und dass man den Schmerz annimmt und durchgeht, weil es anders ohnehin nicht geht. Und dass man akzeptiert, dass man die Liebe nicht loslassen kann. Und auch nicht soll. Dass man sie aber verwandeln soll.

Letzte Frage: Sie tragen ein Kreuz. Weshalb?
Das Kreuz, das ist ein gleichschenkeliges Kreuz, das ich trage. Das ist für mich ein Symbol der Verbundenheit zwischen Himmel und Erde und natürlich auch mit Gott.

ERSCHIENEN AM 26.10.2013

WIE FREI IST ÖSTERREICH?

Unser Land zwischen Investmentbanken, EU und 15.000 Lobbyisten – alles eine Frage der Perspektive.

Wie frei ist Österreich? Die Antwort hängt davon ab, ob Sie zum einfachen Wahlvolk oder zum privilegierten Kreis der Nationalratsabgeordneten gehören. Für das Wahlvolk sieht es schlecht aus. Etwa 90 Prozent unserer Gesetze werden in Brüssel bestimmt. Wir wählen, aber Brüssel entscheidet. Das ist ein eklatanter Widerspruch zur transparenten Demokratie.

Der ehemalige deutsche Bundespräsident und Verfassungsrichter Prof. Roman Herzog drückt das so aus: „Europa entmachtet uns und unsere Vertreter. Die Institutionen der EU leiden in besorgniserregender Weise unter einem Demokratiedefizit und einer Aufhebung der Gewaltenteilung." Kaum noch jemanden kann klar sein, wer in der EU wofür zuständig und verantwortlich ist. Die EU besteht namentlich aus dem Rat, Parlament, Rat der Union, Kommission, Wirtschafts- und Sozialausschuss, Ausschuss der Regionen, Rechnungshof, europäischer Gerichtshof, der Zentralbank, Investitionsbank, der hohen Vertreterin für Außen- und Sicherheitspolitik, beratenden Ausschüssen und dem Bürgerbeauftragten. Geschätzte 15.000 Lobbyisten beeinflussen diese Institutionen. Mit dem Ziel, unsere Wasserversorgung dem „richtigen" Konzern in die Hände zu spielen, Chemie statt Naturheilmittel zu verkaufen oder Glühbirnen durch hochgiftige Quecksilberleuchten zu ersetzen, deren Entsorgung übrigens weit teurer ist als jede Energieeinsparung. Wenn es hingegen um die Freiheiten unserer Nationalratsabgeordneten geht, scheinen diese „fast grenzenlos“ zu sein: Beispielsweise kann ein Abgeordneter zum österreichischen Nationalrat für sein Abstimmungsverhalten Geld annehmen.

Die „Abgeordnetenbestechung“ ist in Österreich faktisch nicht strafbar. Im Inland wäre ein Ernst Strasser als Lobbyist davongekommen. Auch hat ein Abgeordneter die Freiheit, jederzeit und mehrfach seine Fraktion und Weltanschauung zu wechseln oder auf Kosten der Steuerzahler gar „wild“ zu werden. Dies, obwohl die zigtausenden Wählerstimmen, die seinen Sitz erst ermöglichten, wohl in aller Regel einer Partei und deren Zielen gegolten haben. Die Freiheit geht schon so weit, dass man fürchten muss, dass das „Abwerben“ von Abgeordneten samt Einstreichen der Klub- und Parteienförderungen zum lukrativen Geschäft für Finanzinvestoren wird. Fälle, wie jene von Frau Monika Lindner sind den Menschen in Hinkunft ebenfalls nicht weiter zumutbar. Der Nationalfeiertag sollte uns daher auch nach bald sechs Jahrzehnten Auftrag und Verpflichtung sein: Es geht um Freiheit und Verantwortung.

ERSCHIENEN AM 10.11.2013

DER PLAN EINER ZWANGS-ENTEIGNUNG

Aufregung um einen Bericht des IWF und den Plan einer Zwangsabgabe von 10% auf alle Privatvermögen. Auf Seite 49 eines 107 Seiten starken Berichtes des IWF findet sich unter der Überschrift „Eine einmalige Kapital-Steuer" der Plan zu einer Zwangsabgabe von 10% auf alle Privatvermögen der Bürger.

Der IWF vermeint in seinem Bericht allen Ernstes, dass diese Zwangsabgabe die Menschen nicht verstören und einige sie sogar als „fair" empfinden würden.
Auf den Punkt gebracht: Es soll zu einer Enteignungswelle kommen. Auch für Haushalte, die über ganz geringe Ersparnisse verfügen. Die Betroffenen sollen „im Schlaf überrascht werden": Die Steuer würde rückführend eingeführt. Jeder Versuch, das eigene Geld noch zu retten, würde daran scheitern, dass vom „alten" Vermögensstand ausgegangen wird. Diese (erste) Enteignung soll die Geldforderungen der internationalen Großbanken und Finanzinstitute befriedigen, die in der Krise weiterhin enorme Risiken eingegangen sind. Die Blanko-Haftung der Steuerzahler war für diese Finanzjongleure einfach zu verlockend.
Zudem haben die „EU-Krisenstaaten" neuerlich gnaden- und bedenkenlos Schulden gemacht, um zu Hause nur ja die eigene Arbeitslosigkeit niedrig zu halten und Wahlgeschenke zu verteilen. Auch diese Schulden wollen bezahlt sein. Und zwar mit unseren Ersparnissen, die zu diesen „Bank-

rotteuren" umverteilt werden sollen. Das nennt man dann Sozialunion.

Hintergrund: Wir sollen die Schulden der Krisenländer beim IWF zahlen

Der IWF verhehlt sein Vorhaben auch gar nicht. Bei dieser „Schuldensteuer" geht es nicht um die Ankurbelung der Wirtschaft oder Förderung der Industrie und Bildung.

Es soll nur der Schuldendienst sichergestellt werden. Das hat für den IWF ganz nebenbei den Vorteil, dass mit unseren Ersparnissen auch jene Schulden zurückbezahlt werden, die die Krisenländer beim IWF haben. Denn auch der IWF hat Geld verliehen und will es wieder haben.

Die für diesen „fairen Plan" Verantwortlichen beim IWF zahlen für ihre eigenen Gehälter übrigens keine Steuern. Aber derlei kennt man aus einem Buch von George Orwell: Alle sind gleich, nur manche gleicher.

Letztlich aber stehen wir vor einem Problem von ungeheurer Tragweite: Finanz-Eliten wie „systemrelevante" Banken und Organisationen übernehmen in der Krise zunehmend das Regieren und damit die Staatssouveränität. Sie schalten die Politik mit ihren eigenen Interessen gleich.

So wird Geld vom Gutschein zum Schuldschein. Dafür sollen die Menschen nun ihr Vermögen abliefern. Es ist die wahre Fratze des Kapitalismus: nicht die Ansammlung von Reichtum bei wenigen, sondern die Übernahme der Politik durch diese „Finanz-Eliten".

Nicht nur der IWF hat „analytische" Ideen, sondern auch wir Bürger!

Das ist immer auch das Ende der reinen Politik. Dennoch gibt es ein Licht am Ende des Tunnels: Der IWF war von der allgemeinen Empörung der Bürger sichtlich überrascht. Ein Sprecher ließ eilig verlautbaren, dass es sich (nur) um einen „analytischen Bericht" handelte.

Widerstand gegen diese Pläne scheint sich zu lohnen und lässt in Alternativen denken. Beispielsweise, ob es nicht besser ist, dauerhafte Krisenkandidaten geordnet aus der Währung zu verabschieden.

Oder ob man künftig nicht auch „Staatsmänner" nach internationalem Recht zur Verantwortung ziehen könnte, wenn sie vorsätzlich falsche Angaben im Zusammenhang mit der Aufnahme ihres Landes in die Eurozone oder den wichtigen Konvergenzkriterien machen. Das wäre eine zeitgemäße Weiterentwicklung des Völkerrechts.

Man sieht, es gibt nicht nur beim IWF „analytische" Ideen, sondern auch bei den Bürgern.

ERSCHIENEN AM 17.11.2013

WIE SICH JEDER EINZELNE WEHREN KANN

Der letzte Gastkommentar löste zahlreiche Leserreaktionen aus. Es ging um den IWF-Plan zur Zwangsabgabe von 10% auf alle Privatvermögen der Bürger. Vielfach lautete die Frage, ob Proteste ganz generell etwas bewirken können. Ja, und dafür gibt es eindrucksvolle Beispiele aus Politik und Wirtschaft: Unsere Kommunikation hat sich dramatisch verändert. Die meisten Menschen sind Mitglied bei Facebook, Twitter und Co. und können über ihre Handys jederzeit ins Internet einsteigen. Sie können ihre Meinung mit wenigen Wörtern oder oft auch nur mit einem Mausklick der gesamten Internetgemeinde kundtun („posten"). In Minuten kann sich eine massenhafte öffentliche Entrüstung oder Kampagne breitmachen. Der US-Amerikaner Ben Rattray erkannte dieses Phänomen und gründete vor sechs Jahren die Website „Change.org", auf der jeder Bürger kostenlos seine eigene Kampagne starten kann. Nach 300.000 Unterschriften gab beispielsweise die Bank of America eine neue Kreditkartengebühr von 5 Dollar auf und verzichtet künftig ein namhafter Babycreme-Hersteller auf hormonelle Chemikalien. Die Macht der öffentlichen Meinung zeigt sich daran, dass Ben Rattray mit seiner Website laut „Time"-Liste zu den 100 einflussreichsten Menschen der Welt zählt. Aber auch ganz ohne soziale Netzwerke kann die sogenannte „Basisdemokratie" vieles bewirken. Und Österreich hat darin eine gute Tradition: etwa die Absage an das Atomkraftwerk Zwentendorf oder die Besetzung der Hainburger Au. Aufgrund der umfangreichen Berichterstattung schafften die Kraftwerksgegner den Sprung ins öffentliche Bewusstsein, und die Betreiber konnten dem (von „Kronen Zeitung“ und Konrad-Lorenz-Volksbegehren artikulierten) Druck nicht weiter standhalten. Heute gehört die Hainburger Au zum Nationalpark Donau-Auen. Von Atomkraftwerken will man seit Tschernobyl und Fukushima auch nichts mehr wissen. Die Menschen hatten die Lage damals eben besser erfasst als viele Regierungen und internationale Konferenzen. Auf der Ebene der EU gibt es sogar jüngste Erfolge. Beispielsweise die erfolgreiche Verhinderung des Zugriffes von Großkonzernen auf unsere Wasserversorgung. Eine Protestaktion der „Krone“ hatte zigtausende Unterschriften zur Folge. Die genaue Anzahl ist unbekannt, da der Umweltdachverband bei 80.000 zu zählen aufhören konnte: Der zuständige EU Kommissar lenkte ein, obwohl „alles bereits unter Dach und Fach“ war. Gerade die Österreichische Situation im Zusammenhalt mit den ca. 1,5 Millionen Unterschriften der deutschen Bürgerinitiative right2water ließen Brüssel einen „Dammbruch in der Wasserfrage“ befürchten. Auch der Schutz der Bienen reiht sich in die Erfolge ein. Publizistischer und öffentlicher Druck veränderten die offizielle Position Österreichs in der EU und führten letztlich zu einem EU-weiten Pestizidverbot. „Ihr habt alle viel mehr Power, als ihr euch vorstellen könnt. Wenn ihr wirklich etwas verändern wollt, könnt ihr Hunderttausende mobilisieren, egal, wo ihr auf der Welt seid“, gibt sich der Amerikaner Ben Rattray in einem Interview überzeugt. Und es ist nach allen Erfahrungen schwer, ihm nicht recht zu geben.

ERSCHIENEN AM 24.11.2013

STOPPT DIE ERFOLGREICHEN!

Sein Wirtschaftserfolg könnte Deutschland eine Milliardenstrafe der EU einbringen. Das hat auch Auswirkungen auf Österreich.

Deutschland verkauft mehr Waren ins Ausland, als es selbst einführt. Das nennt man Exportstärke. Ein klares Zeichen für die Wettbewerbsfähigkeit des Landes. Vor allem China schätzt Produkte „made in Germany". Nicht so die EU. Dort erwägt man, Deutschland für seine Exporterfolge zu bestrafen, und hat bereits eine Untersuchungskommission eingesetzt. „Denn", so der Kernvorwurf aus Brüssel, „Deutschlands Erfolg schafft ein wirtschaftliches Ungleichgewicht in Europa und würde die hochverschuldeten Krisenländer zu sehr schwächen. Und das ist ein Verstoß gegen EU-Recht." Beispielhaft gesagt bedeutet das Folgendes: Wenn ein Grieche einen VW Golf kauft, muss Deutschland dafür Strafe zahlen. Und zwar bis die deutsche Wirtschaft sich auch mit den verschuldeten Ländern im Süden Europas im „europäischen Gleichgewicht" befindet. Um diese Gleichheit und Brüderlichkeit im künftigen Armenhaus Europa auch sicherzustellen, hat Brüssel einen guten Vorschlag parat: Deutsche Produkte sollen teurer werden, damit diese weniger Käufer finden. Was sich wie ein Witz aus Zeiten kommunistischer Planwirtschaft liest, ist europäische Realität. Man sagt das auf dem diplomatischen Parket nur nicht so direkt. In der Brüsseler Beamtensprache hört sich das vielmehr so an (wobei ich meinen Kommentar in Klammern hinzufüge):

1. Der Außenhandelsüberschuss eines Mitgliedsstaates (also Deutschlands Export) darf in drei Jahren sechs Prozent nicht übersteigen. (Warum eigentlich?)

2. Durch den Außenhandelsüberschuss (also Deutschlands Export) bekommen die EU-Krisenländer Konkurrenz. (Ja und? Das ist überall so. Auch die Deutschen haben Konkurrenten.)

3. Zudem wird der Konsum der Exportgüter (also der völlig freiwillige Kauf von Waren) in den EU-Krisenländern oft über Schulden finanziert. (Warum lässt man das Schuldenmachen nicht einfach bleiben? Was hat das mit dem deutschen Export zu tun?)

4. Sollte durch den derzeitigen Außenhandelsüberschuss (also Deutschlands Export) ein übermäßiges wirtschaftliches Ungleichgewicht in Europa, insbesondere zu den Krisenländern, festgestellt werden (was man auch ohne aufwendige Untersuchungskommission schon heute sagen kann), dann müsste ein Vertragsverletzungsverfahren eröffnet und Strafen in Höhe von 0,1% der Wirtschaftsleistung (also in Milliardenhöhe) verhängt werden (eine Art Zwangsabgabe und Umverteilung durch die Hintertür).

5. Es wird Deutschland daher empfohlen, künftig seinen Binnenkonsum zu stärken. (Übersetzt: künstliche Verteu-

erung der Produktion durch hohe Lohnkosten und damit Verlust an internationaler Wettbewerbsfähigkeit und Nachfrage. Man hört die Konkurrenz in den USA, China und den Schwellenländern schon lachen.)
Nun im Klartext: Deutschland trägt ein Viertel des Budgets der gesamten EU. Österreich hat die Finanzkrise weit besser als andere Länder überstanden, weil es von der Export- und Konjunkturlokomotive Deutschland mitgezogen wurde. Die Zukunft Europas und damit auch Österreichs hängt davon ab, dass auch Brüssel erkennt, dass man die Schwachen nicht dadurch stärkt, indem man die Starken schwächt.

ERSCHIENEN AM 1.12.2013

DIE KLIMA FARCE

Es war im Vorfeld der UN-Klimakonferenz in Warschau nicht übertrieben, diesen Welt-Klimagipfel als eines der wichtigsten Anliegen der Menschheit zu bezeichnen. Es sollten die Weichen für einen „Weltklimavertrag" gestellt werden. Doch die UN-Klimakonferenz in Warschau versank in einem skurrilen und beispiellosen Desaster mit tragisch-komischen Zügen. Schon die Rahmenbedingungen ließen nichts Gutes erahnen: Offizielle Sponsoren des Welt-Klimagipfels waren Hersteller von Atomkraftwerken und Fluggesellschaften. Ausgerechnet der Gastgeber Polen bezieht 90 Prozent seines Stromes aus Kohlekraftwerken. Von jenen Kraftwerkstypen also, die nicht nur das klimazerstörende Treibhausgas $C0_2$ ausstoßen, sondern auch Flüsse erwärmen, Schadstoffe emittieren und radioaktive Partikel hinterlassen. Gleich zu Beginn der Konferenz kam es schon zu einem handfesten Skandal. Der polnische Umweltminister Korolec wurde entlassen, weil er gegenüber Ministerpräsident Tusk einen „zu umweltfreundlichen Standpunkt" vertrat. Korolec war immerhin der Gastgeber und Präsident der UN-Klimakonferenz und mit einem Mal auf den Status eines Privatmannes herabgestuft. Es ging somit als eine Art Privatkonferenz weiter. Aus Protest dagegen verließen Greenpeace und der WWF die Veranstaltung. Einige Konferenzteilnehmer traten schließlich in einen aussichtslosen Hungerstreik, der wieder abgebrochen werden musste, da es niemand interessiert hätte, wenn dort jemand wegen Hunger gestorben wäre. Dem deutschen Umweltminister hörte keiner mehr ernsthaft zu, da die Kohleindustrie in Warschau eine Parallelkonferenz veranstaltete, bei der dieselbe offizielle UN-Vertreterin als Rednerin auftrat, die gerade noch zuvor den Welt-Klimagipfel eröffnet hatte. Es kam zu einem Stocken der Verhandlungen. Der hilflose Privatmann Korolec verlangte von den Verhandlungsführern hierüber eine Erklärung, da der völlige Stillstand den anreisenden UN-Generalsekretär Ban Ki-moon blamierte. Schließlich folgten Abschlussverhandlungen ohne nennenswerte Ergebnisse. Als großer Schlussakt ergriffen 21 Regierungsmitglieder der 28 EU-Mitgliedstaaten, darunter 16 Minister und 5 Staatssekretäre, persönlich das Wort. Nur Österreich nicht: Umweltminister Berlakovich hatte „dringende Termine im Parlament wahrzunehmen" und übermittelte seine Rede lediglich schriftlich nach Warschau. Am Abend des 22. 11. 2013, dem offiziellen Ende der Konferenz, lag nicht einmal ein Zeitplan für den Klimagipfel in Paris 2015 vor. Ein Desaster. Dabei hätten die Vorzeichen der Konferenz nicht ernster und alarmierender sein können. Ein Taifun von noch nie dagewesener Stärke raste über die Philippinen und riss Zigtausende Menschen in den Tod. Es sah wie nach einem Atombombenabwurf aus. Der Menschheit bleibt nur noch sehr wenig Zeit, bis sie mit den unumkehrbaren Folgen des Klimawandels konfrontiert ist. Ein 60-köpfiges Expertenteam zeichnet im Auftrag des US-Präsidenten Obama ein düsteres Bild: Flut- und Hochwasserkatastrophen, Flächenbrände, Wirbelstürme, Hitzewellen, Dürreperioden, Wassermangel, verdorrte Ernten, Migrationsströme, Abschmelzen der Pole und Ansteigen der Meeresspiegel.

Es heißt, dass uns nachfolgende Generationen einst danach beurteilen werden, wie wir das Weltklimaproblem unserer hochtechnisierten Welt gemeistert haben. Und der Begriff „hochtechnisiert“ ist dabei entscheidend: Kein vernünftiger Mensch will mit dem Chirurgenbesteck von vor 2000 Jahren operiert werden. Es geht politisch daher darum, wie unsere Ökologie aussehen kann, OHNE die Möglichkeiten unserer Zeit auszuklammern. Auf diese Frage müssen wir die besten Köpfe unseres Landes verwenden. Wir brauchen Ideenwettbewerbe, Umweltfonds, Forschungsmittel, Bürgerinitiativen, Verzichtsbereitschaft und eine Politik, die all das zu einem Hauptanliegen macht.

ERSCHIENEN AM 15.12.2013

DER ESM WIRD ZUR BANK: 2014 HEISST ES ZAHLEN!

Die Politiker haben in der Schuldenkrise weite Teile unserer Selbstbestimmung geopfert. Ab Mitte 2014 wird der Europäische Rettungsschirm (ESM) zu einer Art „ESM-Superbank" und mit dem Geld österreichischer Steuerzahler EU-Krisenländer finanzieren. Im äußersten Fall bis zur Staatsinsolvenz Österreichs.

Der ESM ist ein Abkommen der 17 Euroländer. Wer wie England seine alte Währung hat, nimmt an dieser Privatparty nicht teil. Die 17 Euroländer, darunter Österreich, haben sich zur Gründung einer Art „ESM-Bank" verpflichtet. Diese ESM-Bank soll frisches Kapital für EU-Krisenstaaten bereitstellen. 2014 in vollem Umfang. Um die Pleitestaaten überhaupt finanzieren zu können, braucht die ESM-Bank selbst Geld. Und zwar von den 17 Euroländern in der Höhe von bis zu 700 Milliarden Euro (Sie haben richtig gelesen: 700.000.000.000,– Euro).
Österreichs Anteil daran beträgt 20 Milliarden Euro. Das allein ist ein Vielfaches der jährlichen Staatsverschuldung. Das wirklich Dumme an der Geschichte ist aber, dass Österreichs Zahlungen noch höher werden könnten. Denn sollten einige Krisenländer ihren Geldanteil in die ESM-Bank nicht voll einzahlen (was „wahrscheinlich" ist), dann haftet auch Österreich für diesen Zahlungsausfall. Theoretisch bis zu 700 Milliarden Euro. Die Folge wäre die Staatsinsolvenz.

Über Budgetlöcher brauchen wir uns dann keine Sorgen mehr zu machen.
Gesteuert wird diese ESM-Bank von „vor gerichtlicher Verfolgung geschützten Gouverneuren", die sich praktischerweise selbst kontrollieren.
Das Gehalt dieser Herren (denen auch der jeweilige österreichische Finanzminister angehört) ist geheim, steuerfrei und in beliebiger Höhe festsetzbar. Eine Steueroase in stürmischen Zeiten. Die Herren Gouverneure können auch jederzeit einstimmig von den Euroländern weitere Zahlungen in die ESM-Bank einfordern. Die Zahlungen wären binnen 7 Tagen zu leisten. Das Österreichische Parlament hätte keine Mitsprache, da sich unsere Volksvertreter schon zuvor mit ihrer Zustimmung zum ESM-Vertrag mit 2/3-Mehrheit selbst entmachtet haben. Der ESM-Vertrag ist übrigens unkündbar, und Kommissionspräsident Manuel Barroso lässt keine Zweifel aufkommen, worin die Finanzhilfen der ESM-Bank politisch enden werden: „In der Aufgabe der Fata Morgana der strikten nationalen Unabhängigkeit." Und hier könnte Herr Barroso sich irren: Denn in der Politik wie im Leben ist eine Ehe dem Partner nicht unter allen Umständen zuzumuten. Und die Steuerhoheit ohne Mitsprache gab es in der Geschichte schon: Nur stand am Ende kein Superstaat, sondern der Amerikanische Unabhängigkeitskrieg. Und das ist eine Erfahrung, die sich Europa auch nur ansatzweise ersparen sollte. Oder in anderen Worten: Käme es zum Äußersten, müsste Österreich die Möglichkeiten des Völkerrechtes nutzen und eine Auflösung des Vertrages wegen Unerfüllbarkeit oder massiv geänderter Umstände in Betracht ziehen.

ERSCHIENEN AM 22.12.2013

DIE GEBURT EINER WELTRELIGION

In einem Stall bei Bethlehem, irgendwann in den Jahren 7 bis 4 vor Christus, wird ein Knabe geboren. Der genaue Tag und das Geburtsjahr sind selbst den Urchristen nicht bekannt. Auch die Bibel sagt darüber nichts. Das Kind liegt in Windeln gewickelt in einer Krippe zwischen Tieren im Stroh, weil in der Herberge kein Platz war. Seine Mutter, Maria, und ihr Mann Josef stammen aus Nazareth. Sie waren unterwegs zu einer Volkszählung nach Judäa. Der Name des Knaben: Jesus.

Es ist die Stunde null der größten Religionsgemeinschaft der Erde mit mehr als 2 Milliarden Gläubigen.

Noch zweitausend Jahre später feiert die Welt diese Geburt in stiller und heiliger Nacht. Unsere Geschichte, Kultur und Tradition, unsere Auffassung von Freiheit und Menschenwürde, Recht und Unrecht, Gut und Böse sind durchdrungen und geprägt von ihm und seiner Lehre. Nicht nur im Christentum, sondern auch in anderen Religionen wie dem Islam nimmt Jesus eine überragende Stellung ein.

Doch wie verlief der Weg von der Geburt in einem Stall hin zur Weltreligion? Was macht die Kraft des Christentums aus?

Schon die Geschehnisse um die Geburt waren hochdramatisch. Als Herodes von der Niederkunft des neuen Königs der Juden erfuhr, ließ er die Weisen Israels befragen, wo die Geburt stattgefunden habe. Diese identifizierten aufgrund alttestamentlicher Weissagungen Bethlehem als Geburtsort.

Daraufhin ließ Herodes dort alle Knaben unter zwei Jahren töten. Josef war bereits vorher mit Maria und dem Kind nach Ägypten geflohen, sodass Jesus dem Kindermord entging. So berichtet es jedenfalls Matthäus. Über seine ersten Jahre ist dann wenig bekannt. Nur, dass Jesus als 12-Jähriger im Tempel die Jerusalemer Toralehrer mit seiner Bibelauslegung beeindruckte. Seine Ausstrahlung muss gewaltig gewesen sein. Nichts an ihm war beliebig. Alles an ihm war von Eindeutigkeit, Entschiedenheit und Klarheit. Zu Beginn seines öffentlichen Wirkens stand die Bergpredigt. Darin sagte Jesus alles. Er legte den Willen Gottes mit endgültiger Verbindlichkeit neu aus („Ihr habt gehört, … ich aber sage Euch …").

Das revolutionärste Gebot der Bergpredigt war wohl die Feindesliebe. Jesus zitierte die „Auge um Auge"-Regel aus dem Alten Testament und erklärte dann den Menschen, dass sie auch Feinde lieben sollen. Denn seine Familie und Freunde zu lieben sei einfach, welchen Dank soll man dafür erwarten? Das ging über alles hinaus, was im Alten Testament und in anderen Religionen zu finden ist. Mit der Verkündigung des Sohnes Gottes bricht er schließlich mit allem, was bis dahin überhaupt vorstellbar war.

Die Berichte über von ihm vollbrachte Wunder, seine Vergebung am Kreuz und die Auferstehung von den Toten gehen auch zweitausend Jahre später über das menschlich Fassbare hinaus. Gerade diese „außerordentliche Wirklichkeit" gibt dem Christentum seine Urkraft, ohne die sich die größte Glaubensgemeinschaft der Welt gar nicht erst gebildet, geschweige denn überlebt hätte. Das bemerkten auch die römischen Kaiser, die einen neuen Kitt für ihr zerfallendes

Imperium suchten und im Christentum zu finden glaubten. Ab dem 4. Jahrhundert machten sie das Christentum zur erlaubten Religion, dann zur alleinigen Staatskirche, obwohl es nur etwa 8% Christen gab.
Das war der wahre Beginn des Aufstieges zur Weltreligion. Was die römischen Kaiser in ihrem nüchternen Plan nicht einkalkulierten, war, dass die Kraft des Christentums nicht nur im Glauben liegt, sondern auch in seiner Nicht-Anpassung an den Zeitgeist. Von Abraham über die Propheten bis hin zu Jesus und den Heiligen gibt es eine durchgehende Linie der „Nicht-Anpassung". Hätte das Christentum sich schon damals – zur Zeit der römischen Kaiser – „der jeweiligen Gesellschaft" angebiedert, so hätte die Kirche nicht überlebt. Die Nicht-Anpassung der Christen war aber keineswegs harmlos. Es gibt kaum einen Heiligen, der nicht für seine Überzeugung gravierende persönliche Nachteile bis hin zu Verfolgung, Folter und Tod in Kauf nehmen musste.
Der zunehmende Machteinfluss führte auch in der Kirche zu dem Drang, die eigene Macht dem aus dem römischen Reich hervorgegangenen Europa überzuordnen. Man wollte in weltlichen Dingen kräftig mitreden. Nach dem Abwandern des Kaisertums seit Konstantin aus Rom kam es praktisch zu Dauerkonflikten zwischen dem Papst in Rom und dem jeweiligen Kaiser. Auf dem Höhepunkt des Machtstrebens ließ sich die Kirche zu den Kreuzzügen hinreißen, anfangs aus Überzeugung, schon bald aber auch zur Verwirklichung rein weltlicher Machtinteressen.
Es ist eine Ironie, dass gerade die Kirche selbst jene Worte Jesu oft übersah: „Gebt dem Kaiser, was des Kaisers ist, und Gott, was Gottes ist". Das ist die Absage an den Gottesstaat.

Trotz der vielen hervorragenden Einzelpersönlichkeiten darf man sich eben über die „zweite“ Natur der Kirche nicht täuschen. Auch die „heilige katholische Kirche“ besteht aus Menschen mit Fehlern, Schwächen und Begehrlichkeiten. Aus diesem Grund hat sich das Zweite Vatikanische Konzil dazu durchgerungen, auch von der „sündigen Kirche“ zu sprechen. Es kam zu Inquisitionsunwesen, Ablasshandel, Zwangschristianisierungen, Dekadenz und Missbrauch. Auf der einen Seite. Auf der anderen Seite gab es unverzichtbare Heilige, Märtyrer und Gerechte, Schulen, Krankenhäuser, Hospize, Waisen- und Kinderheime, Armen- und Altenfürsorge, ein tragendes Bildungs-, Gesellschafts- und Moralwesen und Hunderttausende Menschen, die im Namen Jesu tagtäglich Gutes taten und noch tun. Das war, ist und bleibt die Faszination an der „weltlichen Facette“ des Christentums: die christliche Soziallehre. Die liebende Fürsorge für die Armen, Schwachen und Leidenden, und zwar über alle Grenzen hinweg. Der Kampf ums Überleben, der Sieg des Stärkeren und die erfolgreiche Anpassung bieten wenig Tröstliches. Die gelebte Gottes- und Nächstenliebe hingegen schon. Es müssen Gedanken wie diese gewesen sein, die ausgerechnet den Schriftsteller Heinrich Böll, der aus der Kirche ausgetreten war, zu folgender Bemerkung hinreißen ließen: Selbst die allerschlechteste christliche Welt würde ich der besten heidnischen vorziehen, weil es in einer christlichen Welt Raum gibt für die, denen keine heidnische Welt je Raum gab: für Krüppel und Kranke, Alte und Schwache, und mehr noch als Raum gab es für sie: Liebe für die, die der heidnischen wie der gottlosen Welt nutzlos erschienen und erscheinen“.

Heute besinnt sich die Kirche wieder ganz auf diese Rolle. Ein Papst steht dafür nach außen wie kein anderer vor ihm: Franziskus. Er wählte seinen Papstnamen ganz spontan, weil ihm nach seiner Wahl ein Mitbruder zugerufen hatte: „Vergiss die Armen nicht!“. Franziskus rückt Jesus wieder stark in den Mittelpunkt der Kirche. Er spricht bei jeder sich bietenden Gelegenheit an, was Christentum im Kern bedeutet: Gott liebt uns und hat die endgültige Entscheidung für den Menschen schon gefällt. Das Unrecht der Welt wird nicht das letzte Wort behalten. Zur Rechten Gottes sitzt mit Jesus nicht ein fremder Richter, sondern jemand, den wir kennen und der als Mensch unser Bruder geworden ist. Der das Menschsein von innen kennt und erlitten hat. Der liebt und verzeiht. Franziskus ist kein Schönredner, er ist glaubwürdig. Er hatte in den Elendsvierteln von Buenos Aires über Jahre hindurch gelebtes Christentum praktiziert. Das enorme Interesse gerade vieler junger Menschen an ihm zeigt, dass die Kraft des Christentums auch im dritten Jahrtausend nicht erlahmt ist. Die Menschen suchen wieder die Alternative zu einem entfesselten Wirtschaftssystem, der parasitären Umweltzerstörung und dem erschreckenden Werteverfall.
Es gibt ihn also immer noch, den direkten Konnex zu dem Kind in dem kleinen Stall, das die Welt veränderte.

ERSCHIENEN AM 5.1.2014

DAS KLEINGEDRUCKTE BEI DER BANKENUNION

Aus Brüssel erfährt man, dass die Steuerzahler für marode Banken künftig nicht mehr haften werden. Ein Wintermärchen.

Noch im Sommer 2013 beschlossen die Euro-Finanzminister, dass aus dem 500 Milliarden Euro schweren ESM-Rettungsschirm bis zu 60 Milliarden direkt in marode Banken gesteckt werden können. Dieser Beschluss ist voll aufrecht. Da bekanntlich Geld nicht auf den Bäumen wächst, werden diese „bis zu“ 60 Milliarden von den Steuerzahlern aufgebracht. Österreich trifft diese Last mit rund „bis zu“ 1,7 Milliarden. Bei einem Zahlungsausfall eines Euro-Krisenlandes erhöht sich diese Summe sogar noch. Brüssel hat in den letzten Tagen noch einmal ausdrücklich auf diesen Beschluss der Euro-Finanzminister hingewiesen. Wohl um auch den deutschen Finanzminister daran zu erinnern, der vor der Europawahl dazu auf Distanz ging.

Ab 1. 1. 2015 soll dann die EU-Richtlinie „Bank Recovery and Resolution Directive“ in Kraft treten (Sie können diese holprige Bezeichnung gleich wieder vergessen). Wesentlich ist der Kerninhalt: Bankverluste sollen zuerst von den Aktionären und dann von den „Gläubigern der Bank“ abgedeckt werden. Der Begriff „Gläubiger“ dient eher der Verwirrung. Gemeint sind unter anderem die Sparer sowie kleine und mittlere Unternehmen, deren Einlage 100.000 Euro übersteigt (Man wollte den allzu deutlichen Begriff „Sparer“ vermeiden, deshalb nennt man sie jetzt Gläubiger oder Einleger). Sollten auch diese Maßnahmen nicht ausreichen, stünde am Ende der Haftungskette doch wieder die Möglichkeit der Staatshilfe (= Steuerzahler). Für Spareinlagen unter 100.000 Euro besteht die staatliche Einlagensicherung. Ob diese auch bei einem Zusammenbruch einer „systemrelevanten Bank" hält, ist fraglich. Wohl auch aus diesem Grund hat Österreich seine Banken stets mit Steuergeld „gerettet" und wird dies vermutlich auch in Zukunft tun (Hypo Alpe Adria, Volksbank AG, Kommunalkredit, etc.). Bis spätestens 2026 soll in der Eurozone dann ein Bankenabwicklungsfonds mit einem Volumen von 55 Milliarden Euro bereitstehen. Das Geld hierzu müssen die Banken einzahlen. Die Arbeiterkammer hat bereits die Befürchtung geäußert, dass die Banken diese Kosten teilweise an ihre Kunden weitergeben.

Zudem ist fraglich, ob der Fonds im Hinblick auf künftig mögliche Bankenpleiten überhaupt rechtzeitig steht (bis 2026!?) und dessen Mittel ausreichen werden: „Die Bankenschulden der sechs Krisenländer Griechenland, Irland, Portugal, Spanien, Italien und Zypern liege bei unvorstellbaren neun Billionen Euro, und die Anlagen der Banken noch etwas darüber. Das ist zweieinhalbmal so viel wie die Staatsschulden dieser Länder. Viele Banken sind angeschlagen und stehen am Rande des Bankrotts", so der Präsident des deutschen Ifo Institutes für Wirtschaftsforschung Univ.-Prof. DDr. Hans-Werner Sinn, der bezweifelt, dass die Bankenunion Steuerzahler vor der Haftung für Bankpleiten schützen wird. Falls nicht, – Sie ahnen es schon – zahlt der Steuerzahler.

ERSCHIENEN AM 12.1.2014

„TRAUT NICHT DEM PFERDE, TROJANER!"

Griechenland könnte sich nach dem Einstreichen der letzten Milliardenhilfe in die Staatsinsolvenz verabschieden. Zum Spott für unsere EU-Politik und zum Schaden der Steuerzahler, deren Geld weg wäre.

Im Jahr 2014 werden die Griechen mehr einnehmen, als sie ausgeben (den Euro-Schuldendienst ausgenommen). Man glaubt es kaum, aber es ist so. Die Volkswirte nennen das Handels- und Haushaltsüberschuss. Mit anderen Worten: Die Griechen können sich recht gut selbst erhalten. Sie sind von ihren internationalen Geldgebern (EU, IWF etc.) nicht mehr abhängig. Der Staat, der aktuell sogar die EU-Ratspräsidentschaft innehat, ist aus Eigenem überlebensfähig. Die Wiedereinführung der Drachme ist bislang daran gescheitert, dass Griechenland seine „Verpflichtungen im Inland" nicht ohne Rettungspakete finanzieren konnte. Nunmehr aber hat der europäische Steuerzahler für fremde Missstände gezahlt und verfügt Griechenland über die finanziellen Ressourcen, um die Eurozone zu verlassen. Mit einer Rückzahlung der Euro-Kredite ist dann nicht mehr zu rechnen. Denn die Griechen hätten genug Geld für sich selbst, nicht aber für ihre Geldgeber. Im Falle der letztlich unvermeidlichen Umstellung der Schulden auf die Drachme könnten die Griechen (neben der Abwertung) die hauseigene Gelddruckmaschine anwerfen und ihren aufgesessenen Kreditgebern tonnenweise bedrucktes Papier nach Brüssel liefern. In beiden Fällen sind die Euro-Milliarden endgültig verloren.

„Der Mohr hat seine Arbeit getan, der Mohr kann gehen!", heißt es in einem Trauerspiel von Schiller und für uns Steuerzahler nach einem griechischen Laufpass. Sollte sich in Griechenland für dieses Ausstiegsszenario eine Mehrheit finden, so können unsere Politiker (und leider auch wir) „mit dem großen Schock" jedenfalls noch 2014 rechnen.

Sie halten mich nun für einen Pessimisten? Ich muss Sie enttäuschen. Ich bin ein unverbesserlicher Realist. Und stehe mit meiner Meinung nicht alleine da. Der amerikanische Council on Foreign Relations (CFR), schließlich eine der wichtigsten Denkfabriken der Welt, hat die Schlafmützen in „Good Old Europe" bereits vor vielen Wochen vor diesem Szenario gewarnt. Das Erreichen des griechischen Haushaltsüberschusses ist ein sehr gefährlicher Zeitpunkt für die Geldgeber, so der CFR: Die meisten Staatspleiten finden im ersten Jahr nach dem Erreichen des Überschusses statt. Auch das angesehene „Wall Street Journal" hält diese Entwicklung (wörtlich) „für sehr real". Die Fakten sprechen für sich: Eine „Staatspleite" dieser Art hat für die Griechen überhaupt keinen Schrecken. Griechenland erklärte in seiner Geschichte schon einmal den Staatsbankrott. Zudem befinden sich die Griechen bereits das 6. Jahr in der Rezession, und ein Ende ist nicht in Sicht. Die Arbeitslosigkeit ist hoch, und mit Sparmaßnahmen und Euro-Schuldendienst gewinnt man auch in Griechenland keine Wahlen. Das Ultralinksbündnis Syriza, das die von EU, IWF und EZB auferlegten Bedingungen zur finanziellen Sanierung Griechenlands schon immer strikt abgelehnt hat, liegt in den Umfragen an erster Stelle.

Man fühlt sich seltsam an die unheilvolle Geschichte von dem Trojanischen Pferd und dem Untergang Trojas erinnert, nur dass dieser Gaul heute als „Sozialunion“ in Erscheinung tritt.

ERSCHIENEN AM 19.1.2014

… NOCH MEHR MACHT DEN KONZERNEN!

Die EU und Nordamerika wollen die größte Freihandelszone der Welt schaffen. Was so fortschrittlich klingt, birgt de facto gehörig Sprengstoff. Konzerne könnten künftig Staaten auf Profitentgang klagen. Auch auf Österreich könnten Forderungen in Milliardenhöhe zukommen. Z. B. wegen Rauchverboten oder des Ausstiegs aus der Atomkraft!

Das geplante Freihandelsabkommen „Transatlantic Trade and Investment Partnership“ (kurz TTIP) soll den gegenseitigen Marktzugang sichern. Das geht von der Gleichbehandlung bei öffentlichen Bauaufträgen über die Einfuhr gentechnisch oder sonst wie behandelter Lebensmittel (Stichwort: Chlorhuhn, Hormonfleisch und Genmais) bis hin zu durch „Fracking“ gewonnenem Erdgas. Vor allem aber könnte TTIP eines: Multinationalen Konzernen „Investitionsschutz“ geben. Was kryptisch klingt, ist leicht erklärt: Sollten neue Gesetze, Behördenentscheidungen oder gar Bürgerinitiativen des Gastlandes das Geschäft von Investoren beeinträchtigen, könnten diese den Staat auf Schadenersatz klagen. Konzerne könnten ihren Gewinnverlust fordern, weil Österreich „so frei“ war und die Mindestlöhne seiner Arbeiter angehoben, strengere Umweltstandards eingeführt oder eine lästige Bürgerinitiative den Bau einer Chemiefabrik verhindert hat. Tabakkonzerne könnten Schadenersatzverfahren wegen zu „fortschrittlicher“ Antirauchergesetze anstrengen und Energiekonzerne finanzielle

Entschädigungen für den staatlichen Verzicht auf Atomkraftwerke fordern. Es könnten Gentechnikprodukte in Supermärkten und die Privatisierung der Wasserversorgung erzwungen werden, weil zu einer freien Wirtschaft ein freier Dienstleistungssektor im Bereich der Infrastruktur gehört. Vom Zugriff auf Rohstoffe ganz zu schweigen. Ich träume nicht so vor mich hin. Um den „Investitionsschutz" hat sich eine rege Prozessindustrie entwickelt, die darauf spezialisiert ist, Staaten vor Gericht zu zerren und zur Kasse zu bitten. Es sind bereits mehr als 400 Millionen Dollar an Steuergeldern an Unternehmen bezahlt worden, die gegen das Verbot giftiger Substanzen, Wasserschutzgesetze oder andere „investitionsfeindliche" staatliche Regelungen geklagt haben. Derzeit sind Prozesse mit einem Gesamtstreitwert von rund 14 Milliarden Dollar anhängig. Im Falle von TTIP kämen rund 75.000 Unternehmen in den USA und der EU als potentielle Kläger gegen alle möglichen staatlichen Gesetze und Maßnahmen in Frage. Zuständig hierfür wären Schiedsgerichte. Schließlich will man den Regierungen unter Ausschluss der Öffentlichkeit „auf Augenhöhe" begegnen. Diese teuren und aufwendigen Verfahren enden übrigens (schon wegen des Prozessrisikos) nicht selten mit hohen Abschlagszahlungen. Auf der Seite des beklagten Staates zahlt der Steuerzahler. Und zwar unabhängig davon, ob im Budget Mittel vorhanden sind oder nicht. Bei Nichtzahlung würden Handelssanktionen verhängt. Jedenfalls werden die konkreten Verhandlungsergebnisse abzuwarten sein, um die Auswirkungen abzuschätzen.

ERSCHIENEN AM 26.1.2014

EIN GEMEINSAMES EUROPA OHNE EURO?

Die Euro-Rettungsaktionen funktionieren nicht, wie sie sollen. Die Länder kämpfen gegen chaotische Zustände oder die Staatspleite. An den Schaltstellen denkt man bereits über die Zeit nach dem Euro noch. Nur die österreichische EU-Politik hat andere Sorgen.

Die Lage in der künstlichen Euro-Zone ist längst außer Kontrolle: In Italien weigert sich Staatspräsident Napolitano, irgendeine Regierung anzugeloben. Die stärkste Fraktion führt ein Berufskomiker. Und Brüssel hat dem Land sogar offiziell erlaubt, sich weiter zu verschulden. Portugal kann nicht mehr sparen, weil sein Verfassungsgericht die Sparmaßnahmen verboten hat. Die Griechen behaupten neuerdings, Angela Merkel habe ihnen einen Schuldenerlass „irgendwie versprochen". Malta verkauft EU-Staatsbürgerschaften. In Irland werden die Menschen noch Jahrzehnte für die Bankenrettung zahlen, sofern das Land noch Leute hat. Seit 2008 sind 360.000 Iren ausgewandert. Auch sterben mehr Menschen durch Selbstmord als im Straßenverkehr.

Frankreich versinkt in schlechten Wirtschaftszahlen, Krawallen gegen die Regierung und Debatten über Korruption und ein amouröses Abenteuer. Zu allem Übel kann Präsident Hollande ausgerechnet mit Angela Merkel nicht. Er kann daher seinen Masterplan nicht verwirklichen: die Abwertung des Euro und die Rettung französischer Banken

auf Kosten Deutschlands. In Spanien bewerben sich 20.000 Menschen auf 400 Jobs bei IKEA. Katalonien verlangt die strikte Unabhängigkeit. Das staatliche Fernsehen boykottierte die Weihnachtsansprache des spanischen Königs, dessen Tochter wegen Geldwäsche und Beihilfe zu Betrug und Urkundenfälschung angeklagt wird. Zypern hat die erste Zwangsenteignung bereits hinter sich. Die Niederländer kürzen die Renten. Vor dem Bankrott von Malta und Luxemburg warnt die Deutsche Bank. Vor demjenigen Belgiens die EU-Kommission und vor der Pleite der slowenischen Banken warnt die OECD. Von Einheit, Stabilität und Wachstum ist in der Euro-Zone keine Rede. Die Währung muss täglich neu gerettet werden. Und zwar mit Massenarbeitslosigkeit und astronomischen Schulden. Auf eine Spaltung der Euro-Zone muss jede vernünftige Politik vorbereitet sein. Schon in den Jahren 2010 bis Sommer 2012 war es beinahe so weit. Hinter den Kulissen arbeiten Berlin und Paris an möglichen Ausstiegsszenarien (Nordeuro etc.). Prof. Françis Heisbourg, Direktor der französischen Stiftung für strategische Studien, zeigt in einem beachtlichen Kommentar in der WELT, dass große Wirtschaftsnationen wie England, Polen oder Schweden einen gut strukturierten, gemeinsamen Markt auch ohne Euro nutzen.
Die (Teil-)Auflösung der Währung zur Rettung der europäischen Einigung wäre „keine großartige Idee, aber Alternativen sind nicht zu haben oder absolut katastrophal“, so der Franzose. Warren Buffett und George Soros argumentieren ähnlich. Nur die Österreichische EU-Politik beschäftigt sich mit anderen Themen: Mit einem pensionierten ORF-Moderator, der hauptsächlich sich selbst erklärt, und einem jun-

Die Euro-Rettungsaktionen funktionieren nicht, wie sie sollen. Die Länder kämpfen gegen chaotische Zustände oder die Staatspleite.

gen Außenminister, der im wohl erstaunten Berlin für die Aufnahme des gesamten Westbalkans wirbt. Getreu dem Motto: „Wenn die Welt untergeht, möchte ich in Österreich sein, dort passiert alles zwei Jahre später.“

ERSCHIENEN AM 2.2.2014

ÖSTERREICH MUSS DRINGEND VERHANDLUNGEN MIT DER EU AUFNEHMEN!

Mit dem Wegfall der Ostgrenzen wurden ganze Landstriche faktisch zur Plünderung freigegeben. Der Ruf unserer Bevölkerung nach Grenzkontrollen ist verständlich, rechtlich aber nicht mehr durchsetzbar. Denn Österreich hat – anders als England – das Schengener Abkommen ohne Wenn und Aber unterzeichnet.

Das Schengener Abkommen hat es in sich: Selbst massenhafte Autodiebstähle, Einbrüche, Raubüberfälle, Betrügereien oder Drogenschmuggel gelten nicht als „Störung der öffentlichen Ordnung". In diesen Fällen darf Österreich keine Personen bei der Ein- und Ausreise an der Grenze kontrollieren. Trotz der explodierenden Kriminalität sind auch Polizeiaktionen im Hinterland verboten, wenn sie „die Qualität einer Grenzkontrolle" erreichen. Jede Missachtung der „Schengener Reisefreiheit" durch Österreich zieht ein EU-Vertragsverletzungsverfahren mit empfindlichen Geldstrafen nach sich. Im Klartext: Der Grenzschutz gegen Kriminelle ist faktisch abgeschafft (ausgenommen Terroristen). Österreich allein darf Grenzkontrollen eigenmächtig nicht mehr einführen. Die Handlungsfähigkeit an der Staatsgrenze ist damit stark eingeschränkt. Die grenzüberschreitende polizeiliche Zusammenarbeit mit den Nachbarstaaten kann dieses Defizit nicht ausgleichen. Sonst gäbe es eine andere

Kriminalstatistik! Die geopolitische Lage unseres Landes als Drehscheibe zwischen West und Ost hätte unsere Regierung dazu verpflichtet, eine Ausnahmebestimmung wegen der zu erwartenden Kriminalität durchzusetzen. Die Engländer haben das – wie so oft – im Alleingang für sich ausgehandelt. Unsere EU-Politik hingegen gefällt sich seit Jahren in der Rolle des „braven Musterschülers“, der sich beeilt zuzustimmen und nicht widerspricht. Das ist nicht nur unklug, sondern auch gefährlich: 90% unserer Gesetze werden in Brüssel gemacht. Ein EU-Mitgliedsstaat wie Österreich, der seine Interessen nicht durchsetzen kann oder will, hat seine Eigenständigkeit verloren. Er hat fast ausschließlich zu tun, was die anderen wollen.

Wenn Österreich seine Handlungsfähigkeit an den Grenzen wiedergewinnen will, muss es die Polizei personell, finanziell und technisch aufstocken. Die Bundesregierung sollte nicht über die Schließung von 122 Polizeidienststellen nachdenken, sondern über eine Ausweitung polizeilicher Kontrollbefugnisse. Das Vertrauen der Bevölkerung wird nicht nur durch Polizeipräsenz auf der Straße gewonnen, sondern auch durch sichtbare Dienststellen.

Gleichzeitig müsste Österreich sofort Verhandlungen mit der EU aufnehmen, um Ausnahmebestimmungen zum Schengen-Abkommen zu erlangen. Dafür wird es Verbündete in Europa geben. Es wäre nicht das erste Mal, dass dieser Vertrag auf Drängen eines Mitgliedsstaates geändert wird!

ERSCHIENEN AM 9.2.2014

KANN MAN ÜBER DEN GLAUBEN ABSTIMMEN?

Papst Franziskus überrascht stets aufs Neue: In einer weltweiten Vatikan-Umfrage durften die Mitglieder der katholischen Kirche ihre Meinung zur Sexualmoral, gleichgeschlechtlichen Lebensgemeinschaften und diversen Verboten kundtun. Das Ergebnis ist niederschmetternd für die Kirche. Doch wie demokratisch kann Religion sein?

Franziskus hat etwas, was den meisten Politikern völlig fehlt: die Gabe, mit einfachen Gesten alles zu sagen. Das Küssen eines schwer Entstellten am Petersplatz, die Taufe eines unehelichen Kindes im Dom oder ein nächtlicher Telefonanruf bei einem jugendlichen Vergewaltigungsopfer benötigen keine weitere Erläuterung, was unter gelebtem Christentum zu verstehen ist.
Der ungeheure Ernst, der hinter seinen Gesten liegt, rührt die Menschen und gibt ihnen Würde. Es ist nicht Spielerei. Es geht diesem Papst um nichts weniger als die Rettung des Menschen vor sich selbst. Vor seiner entfesselten Wirtschaft, seiner sozialen Kälte und einem rücksichtslosen Leben, das den Menschen – anders als jedes Raubtier – ohne Zwang töten lässt. Franziskus ist ein Seelsorger. Er will die Menschen verstehen. In einer weltweit angelegten Umfrage wollte er wissen, was die Kirchenmitglieder von den strittigsten Themen des Katholizismus halten. Von der Sexualmoral bis zur gleichgeschlechtlichen Lebensgemeinschaft und den Ge-

schiedenen. Die Frage der Ehelosigkeit der Priester fügten viele Befragte von selbst hinzu. Die Umfrageergebnisse sind letzte Woche im Vatikan eingelangt und sollen im Oktober von Franziskus mit den Bischöfen aus aller Welt besprochen werden. Doch was kann und darf man erwarten? Fest steht, dass sehr vielen die Kirche zu rückständig, zu mittelalterlich und zu welt- und lebensfeindlich erscheint.

Auf der anderen Seite kann Religion nicht per Abstimmung in einen religiösen Multimarkt verwandelt werden und die Menschen sich nur noch dem beugen, was sie selbst über Gott und für Gott ausgedacht haben. Ein selbsterfundener Glaube könnte dem Menschen letztlich nur verbürgen und sagen, was er ohnedies selber ist und bereits weiß. Ein Christentum solcher Art würde rasch zu einer verzichtbaren Institution verkommen. Die „Modernisierung" ist gerade in der katholischen Kirche besonders heikel: Denn das Christentum ist die einzige Religion, die lehrt, dass „Gott als Mensch unter uns gelebt hat". Jesus war demnach weder ein Erleuchteter (Buddhismus) noch ein Prophet (Islam, Judentum) noch eine andere Offenbarungsgestalt, sondern der Sohn Gottes und damit Gott selbst. Es liegt daher auf der Hand, dass nicht nur alles was Jesus gesagt, getan oder unterlassen hat, sondern auch jedes von ihm gesetzte (noch so kleine) Zeichen oder Symbol und seine Art zu leben und zu sterben im Glauben die Wirkung eines unabänderlichen Gesetzes hat.

Die außerordentlich schwierige Aufgabe der Glaubenshüter besteht nunmehr darin, herauszufiltern, was auf Jesus, also Gott selbst, bezogen ist oder zum Ballast einer 2000-jährigen Kirchengeschichte mit allen ihren Höhen und Tiefen gehört. Und das festzustellen, birgt eine fast nicht zu schulternde Verantwortung. Es ist die Entscheidung über eine Wahrheit, die größer ist als man selbst.

ERSCHIENEN AM 16.2.2014

SOTSCHI, EINE FRAGE DER MORAL?

Mit den Menschenrechten in Russland liegt sicher einiges im Argen. So wie in den Ländern anderer Mitglieder des Internationalen Olympischen Komitees (IOC) auch. Dort gibt es klingende Namen wie Dubai, China, Nordkorea, die Türkei, Saudi-Arabien, Pakistan und Kuba, um nur einige zu nennen. Allesamt keine Tummelplätze für Menschenrechtler. Noch im Sommer 2008 hat das IOC die Olympischen Spiele in Peking ausgetragen. Gegen China gab es keinen Boykott. Warum also jetzt gegen Russland? Dass in der internationalen Politik seit 2008 das Weltgewissen erwacht ist, kann man ausschließen. Vielmehr geht es um erhebliche Finanz- und Machtinteressen im Zusammenhang mit der Ukraine. Es tobt schon länger ein geopolitischer Kampf um den Einfluss in der Region und das künftige Machtgefüge in Europa. Gegenspieler sind die USA, die EU (angeführt von Deutschland) und Russland. Jeder von den dreien will nunmehr „seinen" ukrainischen Präsidenten an der Macht sehen (die Amerikaner Jatsenjuk, die EU/Deutschen den Ex-Boxer Klitschko und die Russen Janukowitsch). Die USA, weil sie den Fuß in Europa haben wollen. Brüssel, weil es denkt, dass man die gewaltigen Probleme mit dem Euro nur mit einem noch größeren Markt und der Aufnahme neuer Mitgliedsstaaten lösen kann. Und Russland, weil es jede ausländische Macht, die eine führende Rolle in der Ukraine einnimmt, als Gefährdung seiner nationalen Sicherheit sieht. Hinter den Kulissen wird die überaus harte Auseinandersetzung mit allen erdenklichen Mitteln ausgefochten (Neuwahlen, Finanzen, abgehörte Telefonate, „Fuck the EU", etc.). Dazu zählt auch das zur Schau gestellte Fernbleiben von den Olympischen Winterspielen in Sotschi. Eine Art Stellvertreterkrieg auf dem Rücken der Sportler. So sehr man die Menschenrechtslage in Russland offen kritisieren muss, so wenig darf man sich in diese (alte/neue) Qualität der Auseinandersetzung hineinziehen lassen. Kanzler Faymann vertrat Österreich offiziell bei den Olympischen Winterspielen und nahm die Veranstaltung damit als das, was sie ist: ein internationales Fest des Sports. Mehr nicht. Diese Auffassung teilen wohl insgeheim auch jene Regierungschefs, die die Spiele in Sotschi nunmehr von zu Hause „live" mitverfolgen.

ERSCHIENEN AM 23.2.2014

WANN KOMMT DER NÄCHSTE HYPO-SKANDAL?

Die Hypo ist ein Sittenbild der II. Republik: Wer denkt, dass das politische System sich nach dem Bankrott ändert, irrt. Dazu haben die Profiteure keine Veranlassung. Das System geht nur durch den Wähler oder durch Staatsbankrott zu Ende.

Nach dem Hypo-Desaster sollte man besser nicht zur Tagesordnung übergehen. Auch weiterhin könnte jedes Bundesland per Landtagsbeschluss Haftungen übernehmen, die den eigenen Haushalt um ein Vielfaches übersteigen. Der Bund kann das nach wie vor nicht verhindern. Was in den anderen Bundesländern so los ist, zeigen die Finanzskandale in Salzburg und Linz mit zahlreichen Rücktritten, einer weinenden Landeshauptfrau und gerichtlichen Nachspielen oder die Spekulationen mit der Wohnbauförderung in Niederösterreich. Auch könnte die Nationalbank wieder einmal eine Bank als nicht notleidend und in Kürze gewinnträchtig einstufen, ohne „das Kreditportfolio der betroffenen Bank überprüft zu haben“. Dazu sei im Fall der Hypo „keine Zeit“ gewesen, so der Gouverneur im Nachhinein. Ach so, na dann! Die Bundesregierung könnte auch weiterhin Notverstaatlichungen beschließen, die den eher unbeteiligten Steuerzahler plötzlich € 19.000.000.000,– kosten, dafür aber Hedgefonds, Spekulanten, Bundesländern und Banken schöne Profite bescheren oder sehr viel Geld ersparen, wie den anderen Landeshypos mit den Bundesländern und Raiffeisen als Eigentümer, die im Konkursfall mitzahlen müssten. Ein Ex-Finanzminister konnte sich vor Gericht übrigens nur noch sehr vage an die Notverstaatlichung der Hypo erinnern (Das ist bei derart unbedeutenden Ereignissen auch verständlich). Man sieht, ein „neuer Fall Hypo“ ist jederzeit möglich. Jedenfalls solange Partei- und Klientelinteressen unverschämt über das Wohl des Staates gestellt werden und in vielen Kontrollgremien Parteipolitik und Interessensvertretung statt Unabhängigkeit vorherrschen. So wurde die Hypo zum Instrument der Politik, für das der Steuerzahler nun büßen muss. Dieses politische System hat in der II. Republik Schule gemacht, ganze Politikergenerationen kennen es nicht anders. Es wird sich selbst wohl nicht abschaffen. Dazu besteht für die Akteure derzeit keine Veranlassung. Das vermag in Wahrheit nur der Wähler oder ein Staatsbankrott. Wer von beiden der Schnellere ist, wird die Zukunft zeigen.

ERSCHIENEN AM 2.3.2014

DAUMENABDRUCK STATT MATURA

Laura Rudas stellt die Sinnhaftigkeit der Matura infrage. Das Sitzenbleiben hat die Regierung bereits abgeschafft. Auf eine „Schule ohne Noten" hat man sich geeinigt. Die Behinderung der Schulbildung wird langsam gemeingefährlich.

Die künftige Ex-SPÖ-Bildungssprecherin, Frau Laura Rudas, stellte vor wenigen Tagen die Sinnhaftigkeit der Matura infrage: „Derjenige Schüler hat immerhin schon 8 Jahre geschafft." Stimmt. „8 geschaffte Jahre" in einem Schulsystem, in dessen Oberstufe man seit 2012 nicht mehr sitzen bleiben kann. Gratulation zu dieser Leistung! Frau Rudas möchte auch die Benotung ändern. Punkte statt Ziffern. Wie genau das funktionieren soll, erklärte sie nicht. Vielleicht bekommt man künftig statt einer „5" einfach fünf Punkte hingemalt oder statt einer „4" – richtig – vier Punkte. „Im Rahmen der Schulautonomie könnten die Schulen da durchaus einiges ausprobieren", meinte Frau Rudas. Ja sicher, beispielsweise könnte man statt seines Namens drei Kreuze machen, seinen Daumenabdruck hinterlassen oder sich mit dem Handy filmen. Denn davon sind so manche nicht mehr weit entfernt: Fast ein Drittel der 15- bis 16-Jährigen erreicht in Mathematik, Lesen oder Naturwissenschaften „nicht einmal Mindeststandards". Mit einem Wort: Unser Schulsystem wurde über Jahrzehnte systematisch derart ruiniert, dass es nicht mehr garantieren kann, dass viele Schüler nach einem Schuljahr nicht dümmer geworden sind.

Das ist für eine Industrienation, die auf den Erfindergeist und die Anstrengungen ihrer Bürger angewiesen ist, schlicht eine Katastrophe. Dieses systematische Absenken der Anforderungen hat ideologische Hintergründe: Wenn sich alle gleich anstrengen, führt das nicht zu gleichen Ergebnissen (wie man bei jedem Sportwettkampf oder in der Bundesliga beobachten kann). Es kommt eben nicht dieselbe Anzahl an Toren heraus, wenn David Alaba und ich gleich oft mit dem Fußball trainieren. Die oft zitierte Chancengleichheit ist daher Selbstbetrug. Die Ungleichheit tritt noch deutlicher hervor. Das ist die Vielfalt des Lebens. Wohlfühl- und Kuschelpädagogen finden das irgendwie unfair. Daher sollen „lieber alle gleich schlecht sein als unterschiedlich gut". Das ist die Kurzzusammenfassung der Bildungspolitik der letzten Jahrzehnte. Das Dumme daran ist nur, dass sich Österreichs Konkurrenten auf den Weltmärkten oder die Welt ganz generell nicht an die Politik einer Frau Schmied, Heinisch-Hosek oder Rudas halten. Im Besonderen nicht die Inder, deren Schulen die besten Computerprogrammierer der Welt hervorbringen und um die wir uns um viel Geld bemühen, da wir international den Anschluss verloren haben. Das böse Erwachen für diejenigen Schüler, die weder richtig lesen noch rechnen gelernt oder von den Gesetzen der Schwerkraft etwas gehört, aber dennoch die Schule bestanden haben, kommt spätestens auf dem Arbeitsmarkt. Aber dafür sind Claudia Schmied, Gabriele Heinisch-Hosek und Laura Rudas dann nicht mehr zuständig.

PS: Frau Rudas, die für die Abschaffung der Matura und gegen Studiengebühren eintritt, absolviert selbst bald ein

Studium an einer amerikanischen Elite-Universität. Dort sind weder Studiengebühren noch Noten oder Abschlussprüfungen abgeschafft.

ERSCHIENEN AM 9.3.2014

EUROPAS GEFÄHRLICHES SPIEL

Die EU hat enorme eigene wirtschaftliche Probleme (Banken, Euro, Arbeitslosigkeit, etc.). Statt diese im Inneren zu lösen, setzt Brüssel wie in einem Pyramidenspiel auf die Aufnahme immer neuer Mitglieder und spielt im Politpoker um die Ukraine mit. Das Ergebnis ist ein Desaster.

Man wollte den Einfluss Moskaus in der Region zurückdrängen und sich zum neuen Partner der Ukraine aufschwingen, ohne die Rechnung mit Wladimir Putin gemacht zu haben. Ein schwerer Fehler einer dilettantischen Diplomatie. Die Ukraine ist aus russischer Sicht ein geopolitischer Schutzwall und damit eine Frage der nationalen Sicherheit (auch die USA würden vor ihrer Haustüre in Kanada oder Mexiko keine prorussische oder prochinesische Regierung so einfach dulden). Zudem hat Putin von John F. Kennedy gelernt, der in der Kubakrise 1962 eindeutig zu lange zugewartet hat. Auch ist der stark industrialisierte Osten des Landes sowie die Halbinsel Krim (immerhin der Stützpunkt der Schwarzmeerflotte) nahezu rein russisch bevölkert. Russland sieht sich als Schutzmacht in der Region. Die auffallend gut organisierten und so gar nicht spontan wirkenden Demonstrationen gegen den – relativ korrekt – gewählten, aber korrupten Despoten Janukowitsch erinnerten Moskau zu sehr an die „orangene Revolution". Die hatte schon damals zum Hauptziel, die Ukraine in das strategische System der NATO und das wirtschaftliche der

EU zu integrieren. Dass Schüsse fielen, passt ins Bild. Jeder Berufsrevolutionär wird bestätigen, dass ein Schuss immer gut ist. Er ist das einfachste Mittel, um auch die harmloseste Lage zu verschärfen, besonders wenn er jemanden trifft. Die EU-Diplomatie musste folglich zwingend damit rechnen, dass Putin seine Machtinteressen durchsetzen wird, ohne sich an internationales Recht zu halten (wie die chinesische Grenzziehung im Südchinesischen Meer oder bei dem US-Drohnenangriff an der pakistanischen Grenze). Und Brüssel ging dieses Pokerspiel wie ein diplomatischer Anfänger ohne ein Ass im Ärmel ein und muss das Spiel verlieren: Eine militärische Option gibt es (zum Glück) für Europa nicht. Es kommt daher entweder zur Teilung der Ukraine in einen westlichen und einen östlichen Teil, oder es bleibt alles beim Alten.

Im ersten Fall zahlen die EU-Bürger (also wir) für eine halb so große, aber völlig bankrotte Ukraine mit hoher Korruption und russische Gaslieferungen, die Moskau stark verteuern wird. Eine der Hauptansprechpartnerinnen wäre die vom Westen hochgejubelte Vorzeigedemokratin Julia Timoschenko. Genannt die „Gasprinzessin“, in Wahrheit eine Oligarchin der alten Schule, die laut der in London erscheinenden „Times“ ein Privatvermögen von 8,5 Milliarden Euro besitzt. Im zweiten Fall hat die EU „nur“ das Gesicht verloren und kann hoffen, dass der russische Unmut sich nicht zu sehr auf die Gasrechnung auswirkt. Eine erfolgreiche Außenpolitik sieht anders aus.

ERSCHIENEN AM 16.3.2014

DAS PISA-PARADOXON

Ministerin Gabriele Heinisch-Hosek hat die Teilnahme am heurigen PISA-Test abgesagt und stellt eine seit 20 Jahren anerkannte internationale Qualitätskontrolle in Frage. Sie will jetzt auf eigene Faust mit „Experten“ alle internationalen Schülertests „auf den Prüfstand“ stellen. So kann man natürlich auch auf die Blamage reagieren, dass etwa 30% unserer Schüler nach 9 Jahren Unterricht nicht ausreichend lesen, schreiben oder rechnen können.

Wenn unsere Schülertestergebnisse im internationalen Vergleich eine Katastrophe sind, dann stellt man am besten den Test in Frage. Oder – wie es offiziell heißt – auf den „Prüfstand“ (also dorthin, wo eigentlich die Schüler stehen sollten). So wie Frau Minister Heinisch-Hosek, die den in Dutzenden Ländern anerkannten „internationalen Schülertests“ den Kampf angesagt hat.
Mit „Experten“ will sie diese jetzt überprüfen. Hoffentlich nicht mit jenen, die schon zuvor das weltweit bewunderte österreichische Schulsystem erfolgreich ruiniert haben. Denn dort herrscht das Motto: „Wenn 15-Jährige nicht lesen, schreiben oder rechnen können, dann schaffen wir Noten und Tests ab, und schon existiert das Problem nicht mehr.“ Ja, so einfach ist das in der fabelhaften Welt der Realitätsverweigerung. Man kennt das von Kleinkindern: Augen zu, und schon ist niemand mehr da. Es verwundert daher nicht, dass sehr viele Eltern, die es sich leisten können,

den Bildungserfolg ihrer Kinder längst nicht mehr diesem staatlichen Bildungswesen überlassen. Damit vergrößert sich der Abstand zu jenen Schülern, deren Eltern solche elitären Sonderwege nicht bezahlen können (wie die geschätzten 115.000,– Euro für ein Studienjahr an der US-Universität Stanford, an der die Berufspolitikerin Laura Rudas bald studieren wird).

In Wahrheit führt gerade das nach unten nivellierte Schulsystem dazu, dass erst recht die soziale Herkunft über die künftigen Lebenschancen entscheidet. Über Umwege sind wir also wieder im 19. Jahrhundert angelangt (mit dem Unterschied, dass sich damals wenigstens noch der Dorfpfarrer dafür einsetzte, dass begabte Kinder aus einfachen Verhältnissen etwas Ordentliches lernen konnten). Die Antwort auf das gesellschafts- und bildungspolitische Totalversagen kann nicht in einer drolligen Testverweigerung oder einer (faktisch schon bestehenden) Gesamtschule liegen, die ja gerade die Verursacherin des Problems ist. Ganz im Gegenteil. Wir benötigen ein anspruchsvolles, leistungsorientiertes und nach Schultypen gegliedertes Bildungssystem. Nur ein solches kann das Potential des Einzelnen wecken und ihn auf die hohen Anforderungen einer modernen Arbeitswelt vorbereiten.

Ohne unsere Lehrer ist das nicht zu schaffen. Wir brauchen Pädagogen, die bereit sind, auch für ein Bildungsprogramm auf die Straße zu gehen. Und wir benötigen Gewerkschafter, die nach außen hin nicht den verheerenden Eindruck erwecken, es gehe ihnen hauptsächlich darum, möglichst wenig zu arbeiten, eine Lohnerhöhung auszusitzen oder alberne Verhandlungsspielchen mit der Regierung zu spielen. Die

Rede ist von einer Lehrerschaft, die einer kleinen Gruppe von unbelehrbaren, tausendfach widerlegten und gleichmacherischen Ideologen im Schulwesen Paroli bietet.
Dass so etwas eigentlich sehr leicht geht, hat der Aufschrei gegen die Abschaffung der Matura gezeigt. Die Verantwortlichen mussten ihr Vorhaben ganz schnell wieder aufgeben. Das ist ein erster bildungspolitischer Erfolg, auf dem wir aufbauen sollten.

ERSCHIENEN AM 23.3.2014

FÜRCHTET DIE POLITIK DAS SCHWEIZER MODELL?

Ein Gespräch über Pleitebanken, Zwangsenteignung von Sparern, die EU, Einwanderungsstopps und die Angst mancher vor direkter Demokratie.

Christoph P. Gloor ist Präsident der Vereinigung Schweizerischer Privatbanken sowie Teilhaber und Vorstand eines Bankhauses und als dieser einer der international gefragtesten Experten in Bank-, Wirtschafts- und Finanzfragen.
Dr. Tassilo Wallentin traf den 47-Jährigen für die „Krone" zum Interview über die Verstaatlichung von Banken, Zwangsenteignungen und die in der Schweiz vorgelebte direkte Demokratie. Dazu sagt er Bemerkenswertes: „Die direkte Demokratie sorgt dafür, dass die Politiker nicht abheben und nicht tun und lassen können, was sie wollen! Sie stellt auch das Verhältnis zwischen Bürgern und Regierung klar: Oberstes Organ ist immer das Volk. Die Regierung hat in dessen Interesse zu handeln."

Sie sind Präsident der Vereinigung Schweizerischer Privatbanken. In Österreich wurde die Pleitebank HYPO von der Regierung auf Kosten der Steuerzahler verstaatlicht. Das HYPO-Desaster und die von der Politik einseitig „verordnete" Anstaltslösung belasten jeden Österreicher vom Kleinkind bis zum Greis mit rund 3.000 Euro. Ist das aus Ihrer Sicht vertretbar?

Nein. Es sind diejenigen in die Pflicht zu nehmen, die für diese Misswirtschaft verantwortlich sind, und nicht der Steuerzahler. Es ist nicht die Aufgabe des Staates, Pleite-Banken zu retten, die nicht systemrelevant sind. Die Schweiz hat diesbezüglich griffige Maßnahmen umgesetzt, so etwas kommt bei uns nicht vor. Und würde ein Politiker dennoch versuchen, dem Volk den „Schwarzen Peter" zuzuspielen, dann würde ihm wohl der Bürger mithilfe der direkten Demokratie einen Strich durch die Rechnung machen.

Was passiert, wenn beispielsweise die von Ihnen geführte Bank Schwierigkeiten hat?
Das, was bei den Schweizer Privatbankiers seit Jahrhunderten Realität ist: Die Bankiers tragen die volle Konsequenz für ihr Handeln, gerade im Konkursfall. Das geht bis zur persönlichen Haftung mit dem eigenen Privatvermögen. Da denkt man dann lieber zweimal nach, bevor man Risiken eingeht.

Das klingt so gar nicht nach unserer HYPO-Politik?
(lacht) Deshalb gibt es unser Bankhaus auch schon seit 1787.

Zu einem anderen Thema: Der IWF hat einen Vorschlag zur Zwangsenteignung der Sparer gemacht. Offensichtlich glaubt man, so die europäische Schuldenkrise in den Griff zu bekommen.
Die Enteignung der Sparer ist ein ganz ungerechter, schädlicher und nicht zu Ende gedachter Lösungsvorschlag. Die Sparer legen ihr Geld ja gerade deshalb zur Seite, damit sie

dem Staat eben nicht zur Last fallen, was sie als Enteignete dann ja tun. Außerdem steht das Geld der Sparer der Wirtschaft zur Verfügung, sei es durch direkte Investitionen der Sparer oder durch Ausleihungen der Sparguthaben durch die Banken selbst. Der Schaden durch diese Enteignung steht daher in keinem Verhältnis zum Nutzen. Dieser Vorschlag widerspricht nicht nur dem Rechtsempfinden, sondern auch jeder wirtschaftlichen Logik und ist ungerecht und abzulehnen. Ich vermisse hier den Aufschrei der Banken in der EU.

Was ist Ihr Lösungsansatz?
Für die einzelnen Staaten gilt dasselbe, was für jeden privaten Haushalt auch gilt, wenn die Finanzen aus dem Lot geraten sind: Sparen, vernünftig wirtschaften und nicht ständig auf die Suche nach neuen Zwangseinnahmequellen gehen, die die Abwärtsspirale noch beschleunigen. Sonst endet Europa noch als Dritte-Welt-Kontinent.

In der Schweiz ist die direkte Demokratie nicht wegzudenken. Gewisse österreichische Politiker und Parteien meinen, eine „Ja/Nein"-Demokratie wäre keine Verbesserung. Sehr überspitzt formuliert, das österreichische Wahlvolk wäre „zu dumm" dafür. Unsere Politiker hingegen nicht. Was sagen Sie dazu?
Die direkte Demokratie sorgt dafür, dass die Politiker nicht abheben und nicht tun und lassen können, was sie wollen. Sie stellt auch das Verhältnis zwischen Bürger und Regierung klar: Oberstes Organ ist immer das Volk und unsere Regierung hat dem Volk zu dienen und in dessen Interesse zu handeln. Daher ist die Regierung in der Schweiz auch keine abgehobene Kaste. Ein Blick auf die wirtschaftliche

und soziale Situation in der Schweiz zeigt, dass diese mit der direkten Demokratie nicht schlecht gefahren ist. Das wäre in Österreich sicher nicht anders.

Weshalb macht dann das Schweizer Modell gerade in den EU-Staaten nicht Schule?
Weil die Gegner der direkten Demokratie im Ausland um ihre Macht bangen. Darum geht es. Gerade im Zusammenhang mit den Fragen zur Europäischen Union wollen gewisse Regierungen ihre Bürger von den Entscheidungen fernhalten. Man fürchtet den Machtverlust und den Willen des Volkes.

Nun gibt es ein aktuelles Beispiel: Vor einigen Wochen hat die Schweiz ein Referendum abgehalten und die Zuwanderung begrenzt. In Brüssel gab es einen großen Aufschrei. Sind die Schweizer Rassisten?
Mit einem Ausländeranteil von 25% der Bevölkerung kann man die Schweizer sicher nicht als Rassisten bezeichnen. Es war kein Votum gegen Ausländer, sondern gegen Missstände, die die Politik und die Behörden seit Jahren dulden. So ist die Forderung nachvollziehbar, dass kriminelle Ausländer oder Asylanten, die in der Schweiz Drogen verkaufen, ausgewiesen werden sollen. Hier ist die Praxis in der Schweiz oftmals zu lasch, und das hat nun zu dieser Reaktion der Schweizer Bürger geführt. Auch ist das Abstimmungsresultat nur mit einer Mehrheit von rund 20.000 Stimmen zustande gekommen. Ich getraue mich zu wetten, dass dieselbe Abstimmung in vielen EU-Ländern noch sehr viel deutlicher für eine Begrenzung ausfallen würde. Nur in

der EU dürfen die Bürger eben nicht mitregieren. Das ist der Unterschied.

Die Schweiz bereut demnach also nicht, kein Mitglied der EU zu sein?
(lacht) Ich stehe einer politisch neutralen Institution vor, deshalb kann ich es nur so formulieren: Wir sind mit der bisherigen Situation der bilateralen Verträge sehr gut gefahren.

ERSCHIENEN AM 30.3.2014

DIE HYPO UNTER DEN ESM-SCHIRM!

Die Hypo wird zu einem Fass ohne Boden. Möglicherweise ist die Situation für den Steuerzahler gar nicht zu bewältigen und die Bank schon längst ein Fall für den ESM-Rettungsschirm. Das soll ein Denkanstoß für die Regierung sein.

Bereits 2009 fürchtete der damalige Chef der Europäischen Zentralbank, Jean-Claude Trichet, im Falle der Hypo-Pleite einen Dominoeffekt. Er malte ein düsteres Bild: Die Aktienkurse der Erste Bank, UniCredit und Raiffeisen International würden einbrechen. Zahlreiche EU-Länder und Balkanstaaten, allen voran Kroatien, aber auch Slowenien, stürzten in eine Banken- und Immobilienkrise. Aufgrund des starken wirtschaftlichen Engagements Österreichs in diesen Staaten bliebe das nicht ohne Auswirkung auf unsere Bonität. Der Kurs des Euro wäre bedroht. Mit einem Wort: Trichet erklärte damit die Hypo für systemrelevant und deren Pleite für eine Gefährdung der Eurozone. Mit einer Bilanzsumme von 43 Milliarden war die Regionalbank schon längst zur Großbank geworden. Trichet „verordnete" Österreich die Rettung der Bank. So oder so ähnlich lautete jedenfalls der telefonische Befehl an Gouverneur Nowotny. Und unsere Regierung folgte dem Zuruf des französischen Zentralbankers widerspruchslos und mit einer dilettantischen Verhandlungsführung. Indessen breitete sich die europäische Bankenkrise wie ein Flächenbrand aus. Regierungen „retteten" Pleitebanken auf Kosten der Steuerzahler, und

die Staatsverschuldung in der Eurozone nahm gefährliche Ausmaße an.
Im Sommer 2013 wurde die Situation unerträglich. Die Euro-Finanzminister beschlossen (ohne Rücksicht auf die bevorstehenden deutschen Wahlen), aus dem 500 Milliarden Euro schweren ESM-Rettungsschirm bis zu 60 Milliarden für marode Banken bereitzustellen. Gerettet werden sollte aber nicht „jede“ Bank: Betroffen sind systemrelevante Großbanken, die keine privaten Kapitalspritzen mehr erhalten und deren Niedergang die Euro-Zone gefährdet und das Heimatland mit der Rettung überfordert. Diese Voraussetzungen treffen mit erschreckender Präzision auf die Hypo zu: Die Systemrelevanz und Bedeutung für die Euro-Zone hat EZB-Chef Trichet bereits hinreichend klargestellt. Private Kapitalspritzen sind (gelinde gesagt) nicht zu erwarten. Das „Abwicklungsmodell“ Hypo überfordert Österreich, was als gesichert anzunehmen ist: Es wird zu einem dramatischen Anstieg der Staatsverschuldung kommen. Die Rede ist von bis zu 19 Milliarden.
Die Reaktion der Rating-Agenturen kann wohl nur in einer Herabstufung liegen, womit die Abwärtsspirale in Gang gesetzt wird. Auf Österreich könnten so Jahre der Rezession zukommen. Es stellt sich daher die Frage, ob die Bundesregierung nicht einen Antrag auf direkte Bankenhilfe aus dem ESM-Rettungsschirm ernsthaft in Betracht ziehen sollte. Allzu strikte Auflagen müsste Österreich nicht befürchten, weil das Ansuchen auf direkte Bankenhilfe nur für die Hypo gilt. Das könnte das berühmte Ende des Schreckens sein, das einem Schrecken ohne Ende vorzuziehen ist.

Es geht um die Zukunft von Generationen und das Schicksal Tausender Menschen. Und da ist es allemal besser, spät als nie aufzuwachen.

ERSCHIENEN AM 6.4.2014

UNSERE NEUTRALITÄT IN DER EU MITGEHANGEN – MITGEFANGEN

Die katastrophale EU-Außenpolitik im Zusammenhang mit der Ukraine und den Sanktionen gegen Russland trifft Österreichs Banken und uns Steuerzahler besonders hart. Einmal mehr zahlen wir die Zeche für die nicht zu Ende gedachte Politik Brüssels. Als neutrales EU-Land könnten wir auch eine eigenständige Linie verfolgen.

Vor wenigen Tagen erklärten Analysten der Ratingagentur Fitch, dass die drohenden Sanktionen gegen Russland eine besondere Gefahr für die Rentabilität österreichischer Banken sind. Von allen Finanzinstituten sind sie am stärksten in Russland engagiert. Alleine die Raiffeisen Bank International hat im vergangenen Jahr 74% ihres Vorsteuergewinns in Russland erzielt. Die Sanktionen gegen Moskau werden für uns alle zu höheren Energiepreisen und Versorgungsengpässen führen. Damit rechnet der Präsident des europäischen Parlaments. Der Ukraine hat Russland den Gaspreis bereits um 44% erhöht. Auch soll das Land Gasrechnungen in Höhe von 1,7 Milliarden Dollar nicht bezahlt haben. Da trifft es sich doch wirklich gut, dass Brüssel der Ukraine 11 Milliarden Euro angeboten hat. Im Ergebnis bezahlt dann der europäische Steuerzahler (also wir) den Russen den Gewinn durch die Erhöhung der Gaspreise. Über diese EU-Sanktionen kann sich Russland wahrlich freuen. Wahrscheinlich schaltet sich „in dieses neue Geschäft“ auch noch der eine oder andere Oligarch als Zwischenhändler ein, um selbst Millionenprovisionen einzustreichen. Dergleichen soll in der Ukraine ja öfters vorgekommen sein. Im Land selbst hat sich (bis auf die Abspaltung der Krim) – wie erwartet – überhaupt nichts geändert: Nach der Revolte in Kiew und dem „Sturz“ von Janukowitsch finden (in dem auf derselben Korruptionsstufe mit den afrikanischen Staaten stehenden) Land Neuwahlen statt: Diesmal aber schicken die Oligarchen keine Marionette wie Janukowitsch ins Rennen, sondern treten gleich selbst gegeneinander an – Oligarch Poroschenko gegen Oligarchin Timoschenko. Wladimir Putin ist in seinem Land beliebt wie nie zuvor. Die Krim, die über Jahrhunderte Bestandteil Russlands war und erst 1954 unter dem Ukrainer Chrustschow völkerrechtswidrig an seine Heimat „geschenkt“ wurde, ist nun wieder russisch. Die EU kann nicht erklären, weshalb sie beim Sturz von Präsident Janukowitsch und der Installierung des neuen Regimes einen Verfassungsbruch akzeptiert hat, sich aber bei ihrer Kritik an Putins Vorgehen auf der Krim nunmehr auf die Verfassung beruft (Was gilt jetzt?). Auch ist nicht ganz klar, welche Strategie die NATO und die EU mit ihrer Osterweiterung eigentlich verfolgen. Diese steht im Widerspruch zu so ziemlich allen nach dem Kalten Krieg mit Russland abgeschlossenen Verträgen und versperrt Putin die ursprünglich gewollte Öffnung nach Westen. Die Russen haben mit China offensichtlich einen mächtigeren und verlässlicheren Handelspartner gefunden. Diese Brüsseler Außenpolitik ist in einer Sackgasse angelangt und führt das neutrale Österreich in ein wirtschaftliches und politisches Desaster. Dessen ungeachtet will die EU die Sanktionen gegen Moskau sogar noch steigern. Österreich sollte mit den anderen neutralen EU-Staaten Schweden, Finnland und Irland eine gemeinsame außenpolitische Linie finden und artikulieren. Dazu ist unsere Regierung verpflichtet. Denn die Wahrung der Neutralität war immerhin die Bedingung für unseren Beitritt zur EU.

ERSCHIENEN AM 13.4.2014

DER I-TÜPFERL-STREIT

Das (sogenannte) „Binnen-I" macht aus Schülern „SchülerInnen", aus Radfahrern „RadfahrerInnen" und aus Mitgliedern „MitgliederInnen". Das österreichische Normungsinstitut wollte es wieder abschaffen und erregte damit den heiligen Zorn der „HüterInnen" der geschlechtsneutralen, antisexistischen Sprache.

Das drollige „Binnen-I" beweist in erster Linie, dass seine Urväter nicht zwischen Geschlecht und Grammatik unterscheiden konnten. Einige Kostproben? Der Begriff „der Student" sagt noch nichts über das biologische Geschlecht aus (kann also männlich oder weiblich gemeint sein). Die Studentin hingegen ist eindeutig weiblich. Wie lautet nun aber die politisch korrekte biologisch-männliche Form von Student? Studenterich oder Studerpel? War Sebastian Kurz bis vor kurzem etwa noch der Studerpel des Jahres? Oder das Wort „Bürgermeisterkandidat". Politisch korrekt mit dem „Binnen-I" versehen, lautet es: „BürgerInnenmeisterInkandidatIn". Warum wird also ein Mann eigentlich noch „gesiezt"? Er müsste eigentlich „geerzt" werden. Und eine Gruppe von Menschen müsste überhaupt „gesieert" werden. Das Wort „man" ist den missionarischen Antisexisten und selbst der EU ein Dorn im Auge. Tatsächlich kommt es aus dem Althochdeutschen und bezeichnet einen Menschen unabhängig von seinem Geschlecht (jemand, niemand, etc.). Es hat also mit dem Wort „Mann" nichts zu tun. Genauso wenig wie dämlich von Dame oder herrlich von Herr kommt. Die politisch korrekte Formel „man/frau" bedeutet daher übersetzt „Menschen und Frauen" (Sind demnach Frauen keine Menschen? Ist das politisch korrekt?). Zudem ist das althochdeutsche Gegenstück zum Mann nicht die Frau, sondern das Weib („wîb"). Wenn schon, müsste es korrekt „man/wîb" lauten. Essen wir bei McDonald's künftig HamburgerInnen? Und wie bezieht man die Transsexuellen in die Sprache ein? Um diesen Stolpersteinen zu entgehen, macht „man/wîb" neuerdings aus „StudentInnen" geschlechtsneutrale „Studierende". Wie albern das ist, beweist folgende Todesanzeige: „Die Beisetzung des Studierenden findet im engsten Familienkreis statt." Wie weit uns die Zwangsjacke schon beschränkt, zeigen die Zusatztafeln im städtischen Verkehr („RadfahrerInnen"?) und Schüler, die nicht mehr merken, welchen Blödsinn die Ansprache „Liebe Mitgliederinnen und Mitglieder" bedeutet. Das alles hat mit den berechtigten Anliegen des Feminismus und der Frauenbewegung schon lange nichts mehr zu tun. Es sind Auswüchse der Sprachunkenntnis und einer kämpferischen, von ihrer Fortschrittlichkeit selbstüberzeugten Borniertheit. Und der können wir getrost unser eigenes Denken und unseren Widerspruch entgegenstellen.

ERSCHIENEN AM 20.4.2014

DER GROSSE BLUFF

„Fulminante Rückkehr Griechenlands auf dem Kapitalmarkt", „Rieseninteresse bei den Investoren", „Großer Andrang auf Griechenland-Anleihen". Vor den EU-Wahlen soll diese Showeinlage den Wählern vorgaukeln, die Dauerzahlungen nach Athen hätten bald ein Ende. Das Gegenteil ist der Fall. Die Show bezahlen wir.

Griechenland steht heute insgesamt schlechter da als 2010. Das Land wird mit unvorstellbaren 240 Milliarden (in Ziffern: 240.000.000.000,–) Euro gestützt. Das entspricht etwa 13 Hypo-Pleiten. Allein bis Juli werden wieder 12 Milliarden Euro nach Athen überwiesen. Laut Korruptionsindex 2013 ist der griechische Staat der korrupteste in Europa. Die Geduld der Steuerzahler ist (zu Recht) längst am Ende. In Österreich fehlt das Geld mittlerweile überall. In der Bildung, bei den Pensionen, den Krankenhäusern und selbst bei der Aufrechterhaltung der Wehrpflicht. Die Politiker Europas fürchten bei diesen EU-Wahlen den Denkzettel für eine von den Bürgern nie gewollte „Sozialunion", die uns für fremde Skandale und Schulden büßen und dauerhaft zahlen lässt. Bis Europa zu einem Armenhaus bestehend aus Museen, Bürokraten und ein paar Oligarchen verkommt. Zur Wählerberuhigung vor den EU-Wahlen liefert man uns nunmehr eine Showeinlage der besonderen Art: Griechenlands angebliches Comeback auf den Finanzmärkten. „Es gäbe eine fulminante Rückkehr auf dem Kapitalmarkt und

riesiges Interesse von Investoren." „Ein Beweis, dass das Vertrauen der Finanzmärkte zurückkehrt."
Daran ist so ziemlich alles falsch. Was ist wirklich geschehen? Die griechische Regierung begab unter großem Medienrummel billige Staatsanleihen für private Anleger. Der Verkauf sorgte tatsächlich für ein Kursfeuerwerk und ein Fest für Hedgefonds. Aber nicht wegen der neuen Fulminanz Griechenlands, sondern weil die Europäische Zentralbank (EZB) und die Euro-Staaten, also wir, faktisch dafür haften: Der griechische Staat streicht das Geld aus dem Verkauf der Papiere ein, Investmentbanken erhalten Provisionen, und für die in 5 Jahren fälligen Rückzahlungen steht am Ende der europäische Steuerzahler gerade. Im zu erwartenden Ergebnis nichts anderes als ein neues „Rettungspaket" und Milliardengrab. Und das will man uns allen Ernstes als Erfolg verkaufen. Griechenland benötigt das Geld übrigens, um alte Schulden bei Banken und Investoren zu begleichen. Bei den Menschen im Land kommen die Mittel nicht an.
Am 23. April könnte die nächste Wahl-Showeinlage Athen/Brüssel folgen (erinnern Sie sich dann bitte an diesen Artikel): Das EU-Statistikamt will (natürlich rein zufällig vor den Wahlen) die Griechenlandkennzahlen veröffentlichen. Griechenland soll 2013 im eigenen Land einen Überschuss erwirtschaftet haben. Tatsächlich gibt es Gerüchte, wonach die griechische Regierung fällige Zahlungen einfach gestoppt und auf 2014 „verschoben" hat, um das Haushaltsplus vorzutäuschen. Das ist etwa so, als ob Sie oder ich eine fällige Rechnung in den Papierkorb werfen und behaupten, es sei derzeit nichts offen. Schon 2004 berichtete die FAZ, dass die griechische Regierung „auch in den Jahren 1997 bis

1999 falsche Angaben über das staatliche Haushaltsdefizit an die EU gemeldet hat“. Einer von vielen Gründen, am 25. Mai wählen zu gehen, ist, dass unsere EU-Politiker von der zu erwartenden Wahlbeteiligung angespornt werden, uns in dieser Frage Lösungen zu präsentieren.

ERSCHIENEN AM 27.4.2014

WO IST UNSER GOLD?

Angela Merkls Wirtschaftsberater gibt dem Euro noch etwa fünf Jahre! Deutschland hat daher mit der Rückholung seines Staatsgoldes aus dem Ausland begonnen. China, Russland, Indien und die Türkei stocken ihre Goldbestände massiv auf. Die Schweiz hat den Import des Edelmetalls verachtfacht. Die Weltwirtschaft rüstet sich für künftige Währungs- und Wirtschaftskrisen. Nur Österreich nicht.

Professor Kai Konrad, einer der wichtigsten Wirtschaftsberater der deutschen Bundesregierung, gibt dem Euro noch etwa fünf Jahre. Dann ist der Zirkus rund um die Dauerrettung dieser reinen Papierwährung endgültig zu Ende. Angela Merkel arbeitet längst an einem Plan-B für die Zeit nach dem Euro. Es ist kein Zufall, dass Deutschland ausgerechnet jetzt mit der Heimholung seines Staatsgoldes nach Frankfurt begonnen hat. Denn im Fall einer Euro-Währungskrise kann man das Edelmetall in Fremdwährungen (Dollar, Yen, Schweizer Franken etc.) umtauschen und so seinem Land die katastrophalsten Folgen ersparen. Das wissen auch die übrigen westlichen Zentralbanken, die – ebenfalls nicht rein zufällig – seit 2009 keine Unze Gold mehr verkauft haben. China, Russland, Indien, die Schweiz und die Türkei stocken ihre Goldbestände sogar massiv auf. Zyniker meinen, dass die Welt sich gerade für einen Wirtschaftskrieg – zumindest aber für eine schwere Krise des Währungssystems – rüstet. Die Chinesen sprechen das auch offen aus (im Ge-

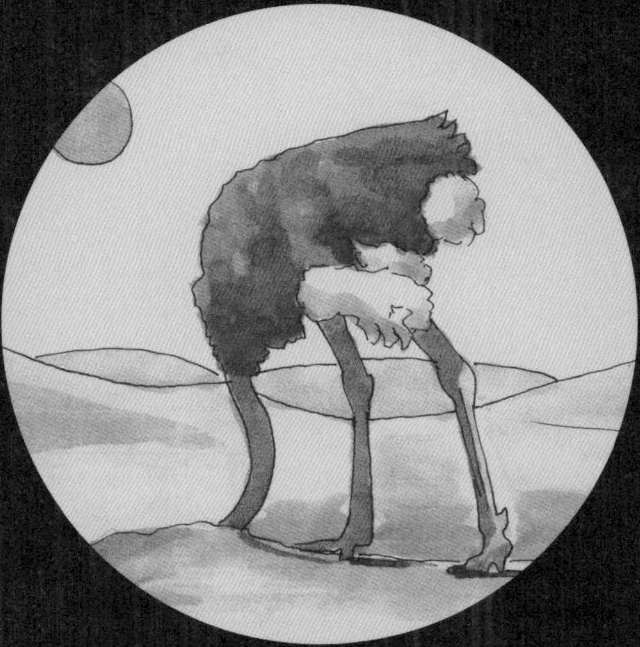

Die Weltwirtschaft rüstet sich für künftige
Währungs- und Wirtschaftskrisen.
Nur Österreich nicht.

gensatz zu den europäischen Politikern, die diese Diskussion vor den EU-Wahlen lieber nicht führen wollen). Auf das Gold muss im Ernstfall der sofortige und sichere Zugriff möglich sein. Sonst verfehlt es seinen Zweck. Nur eine Lagerung im Inland kann das gewährleisten. Eine Verwahrung bei Banken im Ausland ist in Zeiten permanenter Bankenkrisen und der immer maßloser werdenden Euro-Rettung zu riskant. Hierzu legendär bleibt der französische Präsident und General Charles de Gaulle, der im Zuge der Dollar-Krise 1965 ein Kriegsschiff nach New York entsandte und Frankreichs Gold aus den Kellern der amerikanischen Fed nach Paris abtransportieren ließ. Österreich scheint von den dramatischen und sehr gefährlichen Entwicklungen völlig ungerührt zu sein. Etwa 84% (!) unseres Goldbestandes lagern im Ausland. Wo genau? Das ist nicht klar, da die Nationalbank hierzu jede Auskunft verweigert. Unsere Notenbanker schweigen auch beharrlich bei der Frage, wie viel von unserem Gold überhaupt noch tatsächlich existiert. Denn die Nationalbank hat Teile unseres Staatsgoldes im Wege von Goldleihegeschäften für vermutlich lächerliche 0,1–0,5% Zinsen an ausländische Banken verliehen. In den fremden Tresoren lagert daher nicht jederzeit abholbares österreichisches Edelmetall, sondern zum Teil „bloßes" Papiergold. Auch gibt es keine verlässlichen Informationen darüber, wann unsere Nationalbank das letzte Mal vor Ort die Goldbarren auf Vollständigkeit und Qualitätsgehalt überprüft hat. Unsere Notenbanker scheinen sich nur auf schriftliche Bestätigungen ausländischer Banken zu verlassen. Es liegt auf der Hand, dass diese Art von „Goldpolitik" geändert werden muss. Der Großteil der Goldreserven ist in Österreich zu lagern, weshalb die Rückholung zu veranlassen wäre. Die mickrigen Goldleihegeschäfte sind sofort zu beenden. Der Bestand muss – vor Ort – kontrolliert und aufgenommen werden. Bis auf weiteres sind keine Goldreserven zu verkaufen. Zu dieser Politik müsste sich die Bundesregierung öffentlich entschließen. „Denn“ – so warnte schon Michail Gorbatschow die DDR-Führung im Zuge des Mauerfalls – „wer zu spät kommt, den bestraft das Leben.“

ERSCHIENEN AM 11.5.2014

DIE ROSAROTE BOMBE IST GEPLATZT

Die Spitzenkandidatin der NEOS, Angelika Mlinar, lieferte in der ORF-„Pressestunde“ vom letzten Sonntag die bislang mit Abstand besten Argumente, warum wir am 25. Mai unbedingt zur EU-Wahl gehen (aber besser nicht die NEOS wählen) sollten.

Die Nichtwähler sind die größte Partei (zuletzt 54%). Sie stärken immer nur diejenigen in der EU, mit denen sie nicht einverstanden sind. Was das bedeuten kann, offenbarte NEOS-Spitzenkandidatin Angelika Mlinar in der ORF-„Pressestunde“ vom letzten Sonntag. Sie gab Antworten, für die sie zu Recht berühmt wird. Hier das Beste (wobei ich den Kommentar, der sich mir aufdrängt, in Klammern hinzufüge):

1. Unsere Neutralität ist für Frau Mlinar „kein Herzensanliegen“. Gegen die Abschaffung hätte sie nichts einzuwenden (gerade jetzt, bei Ausbruch eines neuen kalten Krieges? Sehr guter Zeitpunkt. Zeichen eines untrügerischen außenpolitischen Instinkts).

2. Eine eigenständige österreichische Außen- und Sicherheitspolitik lehnt Frau Mlinar ab (Warum sollten wir auch über unser Schicksal selbst bestimmen wollen? Sebastian Kurz soll keine Krisengipfel in der Hofburg abhalten, sondern lieber sein Studium beenden oder bei den NEOS mitmachen).

3. Frau Mlinar fordert auch die Abschaffung des Bundesheeres (womit wir völlig wehrlos wären) und die Schaffung einer gemeinsamen EU-Armee, die aber nur mit einem UNO-Mandat tätig werden darf (Ausgezeichnete Idee! Unsere Soldaten dürfen dann auch wieder für fremde Interessen sterben. Man kann sich die tagelangen Debatten im UNO-Sicherheitsrat und das Veto von Nicht-EU-Staaten wie China, Russland oder den USA schon bildlich vorstellen. Beispiele für erfolgreiche UN-Missionen in Kriegsgebieten gibt es ebenfalls genug: In Ruanda etwa, als die Blauhelme einem Völkermord tatenlos zusahen, oder in Bosnien, als sie sich widerstandslos an Straßenlaternen fesseln ließen. Bei diesen Aussichten verzichtet man gerne auf ein eigenes Heer).

4. Unsere Trinkwasser und Gesundheitsversorgung (das betrifft immerhin unsere Existenz) will Frau Mlinar privatisieren. Es gäbe andere Länder, „wo das großartig funktioniert“ (Portugal zum Beispiel. Dort gab es nach der Privatisierung einen Anstieg der Wasserrechnung um bis zu 400%. Das Wasser wurde teils ungenießbar. Oder Frankreich, das Heimatland der größten Wasserkonzerne, wo zahlreiche Kommunen – allen voran Paris – lautstark die Hoheit über ihr Trinkwasser zurückfordern. „Großartig funktioniert“ hingegen für Konzerne die Abfüllung des weltweit immer knapper werdenden Wassers in Flaschen und der Verkauf ins Ausland. Ein privates Gesundheitswesen ist selbst vielen Amerikanern zu asozial, obwohl in den USA Gott bekanntlich nur mit den Reichen ist).

5. Zum Schluss ließ die sich öffentlich bekennende Kärntner Slowenin Mlinar noch wissen, dass für sie die (historische) Ortstafellösung (für die immerhin 180 von 183 Abgeordneten im Nationalrat gestimmt haben und die von Minister Josef Ostermayer, SPÖ, und nicht Andreas Mölzer ausgearbeitet wurde) nur ein „kleiner Schritt in die richtige Richtung" wäre (Danke, Frau Oberlehrerin).
So mancher Lobbyist in Brüssel darf sich schon auf Frau Mlinar freuen. Wie gesagt, jeder Nichtwähler, der so eine Politik im EU Parlament nicht will, stärkt mit seiner verlorenen Stimme die Zielsetzungen der rosa Truppe und deren Frontfrau und darf sich nicht wundern, wenn daraus eines Tages Wirklichkeit wird. Und mit dieser für uns nun offen liegenden Erkenntnis hat Frau Mlinar ihre Schuldigkeit auch schon getan.

ERSCHIENEN AM 18.5.2014

WAS EUROPA VON LIECHTENSTEIN LERNEN KANN

Der Chairman der weltweit größten Privatbankengruppe, die von einer Familie gehalten wird, Prinz Philipp von Liechtenstein, Bruder des regierenden Fürsten Hans Adam II., in einem Gespräch über direkte Demokratie, EU-Wahlen und Euro.

Prinz Philipp von und zu Liechtenstein: Geboren 1946, Studium der Geschichte und Sozialwissenschaften, seit 2001 Chairman der LGT-Group, weltweit größte familieneigene Privatbankengruppe, Gouverneur des Europäischen Finanzforums in London und Gründungsmitglied des Instituts „Österreichische Schule der Nationalökonomie" nach dem Wirtschaftsnobelpreisträger Friedrich von Hayek.

Das Fürstentum Liechtenstein ist eine Monarchie. Das klingt nicht demokratisch?
Wenn man sich die liechtensteinische Verfassung ansieht, dann sieht man, dass der Bürger durch die direkte Demokratie die Möglichkeit hat, mit wenigen Stimmen eine Volksabstimmung zu verlangen, und das innerhalb verhältnismäßig kurzer Zeit. Da müssen die Regierung, die Verwaltung und das Parlament sofort darauf reagieren. Dem Bürger steht jederzeit alles offen. Er kann die Verfassung ändern. Es können sogar die einzelnen Gemeinden aus dem Staatsverband austreten. Das letzte Wort hat bei uns immer

der Bürger. Der Fürst hat wohl ein Vetorecht. Aber würde er es überziehen, dann könnte der Bürger gleich noch einmal sagen: Ich entziehe dem Fürsten das Vertrauen, der damit abgesetzt wäre.

Damit ist Liechtenstein demokratischer als viele Demokratien Europas.
Ja, absolut. Mit der Schweiz zusammen.

Was sagt die EU dazu?
(Lächelt) Die findet das natürlich befremdend.

Befremdend in welchem Sinne?
So etwas ist für politische Systeme, die eine stark in sich selbst geschlossene politische Klasse haben, nicht gerade sehr willkommen.

Welche Rolle spielt denn die direkte Demokratie in einem politischen System? Ich frage das jetzt einen Prinzen eines regierenden Hauses!
Sie schafft das notwendige Gleichgewicht zwischen dem Bürger und dem Staat. Und der Bürger muss im Grunde genommen das letzte Wort haben können. Wenn wir die direkte Demokratie nicht hätten, dann spielt sich genau das ab, was wir jetzt zum Teil vielleicht bei den EU-Wahlen sehen werden. Immer weniger Leute gehen wählen. Also mehr als 50% werden es nicht sein. Das muss man sich einmal vorstellen. Ein Großteil der Bevölkerung sagt schon, es interessiert mich nicht mehr, weil ich ohnehin nichts ändern kann.

Stichwort EU-Wahlen. Wie sehen Sie die Entwicklung der Europäischen Union? Die Entscheidungen fallen zentralistisch in der Kommission. Etwa 80% unserer Gesetze werden in Brüssel gemacht.
Die Stärke Europas war immer die Vielfalt. Da hat alles miteinander gelebt und voneinander gelernt. Es war eine Konkurrenzsituation. Und wenn der eine irgendwelche Gesetze einführen wollte, die so unattraktiv waren, dass ihm die Leute davongelaufen sind, dann hätte er gesagt: Moment mal, das ist vielleicht doch nicht so ein guter Vorschlag. Das ist viel wichtiger als diese Idee, die ganz oben werden schon alles wissen. Es ist sehr unwahrscheinlich, dass ein halbes Dutzend Persönlichkeiten alles im Griff hat. Wenn sie alles gleichschalten und alles gleichmachen, dann ist der Lernprozess am Ende.

Sie beaufsichtigen eine große Privatbank. Professor Kai Konrad, der Berater der Deutschen Bundesregierung, gibt dem Euro noch etwa fünf Jahre. Sehen Sie das ähnlich?
Der Euro war eine politische Entscheidung, die gut gemeint war, aber an der ökonomischen Realität vorbeizieht. Ich frage nur, wenn wir uns die Staatsverschuldungen bei gewissen Ländern anschauen, ob Griechenland oder andere: Wie kommen die dort wieder heraus? Abwerten können sie nicht mehr, sie haben ja keine eigene Währung. Und nun kommt man über die Schuldenunion plötzlich wieder zurück zum alten System: Lasst uns doch Inflationieren! Dann ist die Staatsschuld weg. Und was ist die Inflation? Eine Steuer auf arme Leute. Die Reichen werden immer reicher und der Mittelstand sinkt herunter.

Die Inflation trifft doch alle.

Die Inflation trifft unterschiedliche Leute zu unterschiedlichen Zeiten. Wenn sie ihr Geld am Anfang des Monats bekommen, dann kaufen sie noch zu den alten Preisen. Derjenige, der das Geld erst einen Monat später bekommt, zahlt schon viel mehr. Und wer erhält sein Geld am Ende des Monats? Die Angestellten, Handwerker oder Arbeiter. Menschen also, die davon leben und hoffen, sich ein bisschen was zur Seite legen zu können. Wer überhaupt noch etwas zur Seite legen kann, bekommt dafür keinen Zins, sondern einen Negativzins. Es lohnt sich für viele Leute daher nicht mehr, zu sparen, weil sie „null Komma Josef" bekommen. Sparen als Tugend geht verloren. Der Reiche hingegen hat sich seine Produkte bereits gekauft und kann sie später weiterverkaufen an den, der den neuen Preis zahlt. Der Handwerker bekommt keinen Kredit; der reiche Mann hingegen schon und zahlt diesen aufgrund der Inflation auch noch zu einem geringeren Wert zurück.

Wie ist die Situation in Liechtenstein?

Liechtenstein gehört zu den ganz wenigen Staaten, die eigentlich schuldenfrei sind. Wir haben ein verhältnismäßig effizientes Staatswesen mit einer guten Kosten-Nutzen-Rechnung. Unser Steuersystem ist einfach. Dazu kommt, dass Liechtenstein ein hochindustrielles Land ist. Wir sind in Europa das am meisten industrialisierte Land hinsichtlich Pro-Kopf-Einkommen. Das Finanzwesen spielt bei uns auch eine Rolle, aber geringer als das Industriewesen. Wir haben eine differenzierte Wirtschaft und ein stabiles System. Also irgendetwas müssen wir schon richtig machen.

Das ist so ziemlich das Gegenteil von unserer Welt. Welchen Ratschlag kann uns die Monarchie geben?
Es ist schwer, etwas zu raten. Ich komme einfach auf einige Grundprinzipien zurück, die man sich immer wieder in Erinnerung rufen soll. Direkte Demokratie, Unterschiedlichkeit der europäischen Staaten und bitte, um Gottes willen, lasst die Entscheidung nur da fällen, wo sie die Leute auch wirklich betreffen. Glaubt nicht da oben, dass ihr alles wissen und alles steuern könnt.

Letzte Frage: Welche Beziehungen hat das Fürstenhaus Liechtenstein zu Österreich?
Die sind sehr vielschichtig. Wir kommen aus dem südlichen Wienerwald, aus Mödling, die Burg Liechtenstein gibt es heute noch. Wie haben viele Verwandtschaften, die hier auch leben. Nach dem Heiligen Römischen Reich hatten wir ja unseren Vertrag mit Österreich und Ungarn, wir haben heute beste Beziehungen zu Österreich.

ERSCHIENEN AM 25.5.2014

GEHEN SIE WÄHLEN!

Bei den letzten EU-Wahlen wählten 25% Parteien, die an Brüssel herzlich wenig auszusetzen haben. 21% der Österreicher stimmten für einen ernsthaften Wandel der EU, 54% gingen erst gar nicht zur Wahl! Die mächtige Gruppe der Nichtwähler überlässt die Europaidee und die Zukunft ihrer Kinder den Bürokraten und Lobbyisten.

Nichtwähler wird man nicht deshalb, weil man von Brüssel so begeistert ist. Viele haben sich innerlich von dieser EU abgewandt. Von einem Herrn Barroso zum Beispiel, der sich als Weltpolitiker aufspielt und mehr EU-Zentralismus fordert, obwohl er hierfür nicht das geringste Mandat hat. Er und seine Kommissare sind nicht vom Volk gewählte Politiker, sondern bestellte Bürokraten, die sich laut EU-Verfassung aus politischen Diskussionen herauszuhalten und nach den Anordnungen der 28 Staatschefs zu richten hätten und nicht umgekehrt.
Jeder Nichtwähler überlässt Europa auch dem exzessiven Lobbyismus und der Korruption: Denn mittlerweile werden 80% unserer Gesetze in Brüssel gemacht. Erarbeitet werden sie von den 32.000 EU-Kommissionsbeamten. Und auf jeden einzelnen von ihnen kommt ein Lobbyist.
In deren Arbeitsweise gab jüngst eine holländische PR-Agentur Einblick: Zu Tausenden treffen, manipulieren und beeinflussen Lobbyisten die EU-Beamten und die Gesetze Europas. Allein die Finanzindustrie gibt hierfür jährlich

120 Millionen Euro aus. Lobbyisten und ihre PR-Agenturen schreiben sogar ganze Textpassagen von EU-Gesetzen. Auch kommt es zu massiver Korruption, weshalb das Kabinett des Kommissionspräsidenten Santer geschlossen zurücktreten musste. Seinen Hut nehmen konnte 2012 auch John Dalli als EU-Kommissar für Gesundheit und Verbraucherschutz, weil ihm im Zusammenhang mit der Tabak-Gesetzgebung Bestechlichkeit vorgeworfen wurde: 60 Millionen Euro für die Aufhebung des Verbotes von Lutschtabak (Habe ich eigentlich schon erwähnt, dass für Herrn Dalli die Unschuldsvermutung gilt?).

Ein EU-Parlamentarier muss in dieser Situation jedes Gesetz, das ihm von der Kommission zur Abstimmung vorgelegt wird, mit einem Generalverdacht behandeln. Nach dem Prinzip: Ein Gesetzesvorschlag der Kommission ist verdächtig, bis das Gegenteil bewiesen ist. Besteht das EU-Parlament aus hörigen Musterschülern, lediglich am Abkassieren interessierten Ignoranten oder üblen Lobbyisten (rein theoretisch natürlich, denn dergleichen kommt in der Wirklichkeit ja nicht vor), dann fehlt das notwendige Korrektiv.

Das (derzeit) sicherste Mittel, die böseste Form von Lobbyismus und Korruption auszuschalten, ist, Parteien zu wählen, die zu den großen Themen klare Standpunkte vertreten. Beispielsweise wird eine Partei, die sich offen gegen die Privatisierung unseres Trinkwassers ausspricht, höchstwahrscheinlich kein Gesetz im EU-Parlament durchwinken, das von den Lobbyisten der Wasserkonzerne geschrieben wurde. Und wie sehr sich die Parteien aufgrund der Wählerstimmung zu einer gesunden Europakritik durchringen, zeigen die letzten Wochen des Wahlkampfes.

Daher, lieber Nichtwähler: „Erkenne deine Macht, alle Räder stehen still, wenn dein starker Arm es will!“, Schönen Wahlsonntag!

ERSCHIENEN AM 1.6.2014

DIE ABSCHAFFUNG DES BARGELDES

Die Finanzeliten planen die Abschaffung des Bargeldes. Damit würden sie nicht nur bei jedem unserer Einkäufe mit Karte mitkassieren, sondern hätten auch die totale Kontrolle über uns. Der psychotische Albtraum vom Überwachungsstaat und gläsernen Menschen nimmt ernsthaft Gestalt an.

Schweden schafft das Bargeld völlig ab. In den Bankfilialen werden Münzen und Scheine weder ausgezahlt noch entgegengenommen. Selbst Busfahrer nehmen kein Bargeld mehr an. In Italien sind Bargeschäfte von mehr als 1.000 Euro bereits verboten. In Griechenland liegt die Grenze bei 1.500 Euro, in Spanien bei 2.500 Euro und in Frankreich bei 3.000 Euro. Im deutschen Handel werden die Karten-Lesegeräte von derzeit 35.000 auf 300.000 aufgestockt. In den USA, dem Mutterland der größten Kreditkartenunternehmen (Visa, MasterCard, Diners etc.), werden keine 100-Dollar-Noten mehr gedruckt.
Der ehemalige US-Finanzminister und Obama-Berater Larry Summers fordert für Europa die Abschaffung des Bargeldes. Und für den Vizepräsidenten der Europäischen Zentralbank (EZB) ist dies „eine Diskussion wert". Das sind keine Zufälligkeiten: Der Angriff auf unser Bargeld ist in vollem Gange. Dahinter stehen gigantische Geschäfte in Milliardenhöhe, der Schnellzugriff auf unser Sparvermögen und letztlich die totale Überwachung. Die Finanzbranche würde bei jedem

einzelnen unserer künftigen Einkäufe mit Karte zwingend mitkassieren. Staaten, Regulierungs-Einrichtungen und Finanzeliten hätten ungehinderten Schnellzugriff auf unsere Bankkonten. Schon der Internationale Währungsfonds (IWF) forderte letztes Jahr eine 10-prozentige Zwangsabgabe auf alle Sparguthaben (wohl Zwangsenteignung). Eben dieser IWF tritt nun für die Abschaffung des Bargeldes ein. Kein Wunder; seit der Euro- und Finanzkrise vertrauen die Menschen den Pleitebanken nicht mehr und ziehen ihr Geld ab. Die Bargeldsumme hat sich vervierfacht. Die Menschen haben ihre „Notgroschen" wieder zu Hause.
Mit der Abschaffung des Bargeldes ließen sich die Rettung von Pleitebanken und Zwangsabgaben an einem Wochenende durchziehen. Der Bürger als Zwangs-Bankkunde sieht dann am Montagmorgen, dass sein Konto belastet wurde. Alle Kontobewegungen und damit das Leben jedes Einzelnen wären weltweit jederzeit überwachbar. Mit der völligen Offenlegung unserer Persönlichkeitsstruktur wäre unserer Manipulation keine Grenze gesetzt (dieses Einmaleins der Gehirnwäsche gehört zum Grundwissen jeder Sekte und jedes Geheimdienstes). Der psychotische Albtraum vom vollständig durchleuchteten, überwachten „gläsernen" Menschen würde Realität. Zugriff auf unsere Daten hätten Staaten, Geheimdienste, Konzerne und jene, die mit Informationen über uns und unsere Kaufgewohnheiten Milliarden verdienen. Einem Bürger, der dem von Gesellschaft oder Politik vorgegebenen Verhalten nicht entspricht, könnte mit der (auch „leider" versehentlichen) Kartensperre die Existenzgrundlage entzogen werden. Er könnte sich nicht einmal etwas erbetteln. Und wie schnell Konten (aus po-

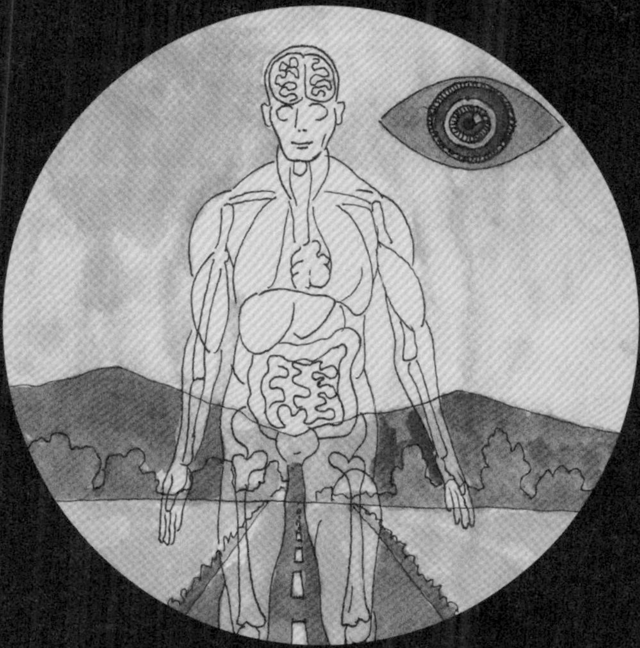

Die Abschaffung des Bargeldes.
Ist der psychotische Albtraum vom vollständig durchleuchteten, überwachten „gläsernen" Menschen bald Realität?

litischen Gründen) gesperrt werden, zeigt die Ukraine-Krise. Von Hackerangriffen auf elektronische Zahlungs- und Datensysteme spreche ich erst gar nicht. Geködert werden sollen die Menschen mit jugendlich-plumpen Werbebotschaften wie jene in Schweden: „Bargeld braucht nur noch deine Oma und ein Bankräuber." Zu dieser dramatischen Entwicklung ist eine offizielle Stellungnahme unserer Bundesregierung, der Nationalbank und der politischen Parteien dringend erforderlich.

ERSCHIENEN AM 8.6.2014

WAS AM ABKOMMEN GEFÄHRLICH IST

Sollten sich die schlimmsten Befürchtungen beim transatlantischen Freihandelsabkommen TTIP und dem internationalen Abkommen TiSA bewahrheiten, dann wird Europa den Konzernen zur Plünderung freigegeben. In geheimen Verhandlungen geht es darum, unsere Wasser- und Energieversorgung, das Finanz-, Gesundheits- und Bildungswesen „immerwährend" zu privatisieren. Unser Umwelt- und Verbraucherschutz, unsere Landwirtschaft, Lebensmittelsicherheit und Sozialstandards (Mindestlöhne) sind in ernster Gefahr.

Die Verhandlungen zum Freihandelsabkommen TTIP zwischen der EU und den USA verlaufen streng geheim unter Ausschluss der Öffentlichkeit und ohne demokratische Kontrolle. Die beiden EU-„Chefverhandler", Barroso und van Rompuy, binden weder das EU-Parlament noch die nationalen Parlamente ein. Die Regierungen der Mitgliedsstaaten haben nicht einmal das Recht, Dokumente einzusehen. Kurzum: Die Menschen sollen nicht erfahren, was im TTIP verhandelt wird. Die Begründung hierfür lieferte auf amerikanischer Seite US-Senatorin Elizabeth Warren: „Unterstützer des Abkommens sagten mir, die Gespräche müssten geheim sein, denn wenn das amerikanische Volk wüsste, was der tatsächliche Inhalt ist, wäre es dagegen." Und nicht nur das amerikanische Volk. Es geht um die Schaffung einer gigantischen Freihandelszone. Verhandelt wird TTIP vor allem von Lobby-Vertretern der Industrie und Finanz-Investoren. Auf den Text des Abkommens haben Großkonzerne Einfluss. Im Umwelt-, Gesundheits-, Lebensmittel-, Verbraucher- und Sozialbereich wollen sie für ihre künftigen Geschäfte in der Freihandelszone wohl die niedrigsten Standards durchsetzen (keine Lebensmittelkennzeichnung, Chlor-Hühner, Hormonfleisch, Fracking, Billiglöhne). Sollte später Österreich den „freien Handel behindern", etwa, weil unsere Regierung so frei ist, die Mindestlöhne von Arbeitern und Angestellten zu erhöhen oder strengere Umweltauflagen einzuführen, dann könnten Investoren unser Land auf Schadenersatz in Milliardenhöhe wegen des ihnen durch „diese Behinderung" entgangenen Gewinnes klagen. Tabakkonzerne könnten gegen Österreich vor Gericht ziehen, weil unsere Antirauchergesetze „zu fortschrittlich" sind, und Energiekonzerne ihren „Verdienstausfall" wegen des staatlichen Verbotes von Atomkraftwerken einfordern. Geheim verhandelt wird noch ein weiteres Abkommen: TiSA. Es strebt die Deregulierung (wohl weitreichende Privatisierung) der Wasser- und Energieversorgung, des Finanz-, Gesundheits- und Bildungswesens an. Die Regelung über die internationale Leiharbeit und über den Niedriglohnsektor sollen ebenfalls gelockert werden. Einen Schutz für sensible Bereiche (etwa für das Trinkwasser) soll es in TiSA nicht mehr geben und eine spätere RückVerstaatlichung verunmöglicht sein. Wie gesagt, der Stand der Verhandlungen ist geheim und ein Ergebnis völlig unbekannt. Sollten die Texte von TTIP und TiSA erst kurz vor der Abstimmung in den Parlamenten veröffentlicht werden, dann bleibt den – nicht in die Verhandlungen eingebundenen – Abgeordneten viel zu wenig Zeit, um die von internationalen Anwaltskanzleien trickreich ausgetüftelten juristischen Formulierungen in ihrer gesamten Tragweite zu verstehen. Das ist nicht gut für unser Land. Wenn es für die Beibehaltung unserer Mindeststandards in den Verhandlungsteams keine Stimme gibt, dann muss sich diese Stimme eben außerhalb der Verhandlungen Gehör verschaffen. Daher die Unterschriftenaktion. Für Österreich und seine Bürger.

ERSCHIENEN AM 15.6.2014

ÖSTERREICH DROHEN KONZERNKLAGEN IN MILLIARDENHÖHE

Die EU und die USA wollen mit dem Abkommen TTIP die größte Freihandelszone der Welt schaffen. Was so wirtschaftlich klingt, birgt gehörigen Sprengstoff in sich: Konzerne könnten Staaten wegen Rauchverboten, der Anhebung von Mindestlöhnen oder des Ausstiegs aus der Atomkraft auf Gewinnentgang verklagen. Auf Österreichs Steuerzahler könnten gigantische Entschädigungszahlungen in Milliardenhöhe zukommen.

TTIP soll Konzernen den Marktzugang zur größten Freihandelszone ermöglichen, ohne dass Staaten hierauf noch Einfluss haben.

Verhandelt wird das Abkommen vor allem von Finanzinvestoren, Industrielobbyisten und 600 offiziellen Beratern von Großkonzernen. Und sie wollen für ihre Auftraggeber mit TTIP vor allem eines: „Investitionsschutz". Was harmlos klingt, birgt gewaltigen Sprengstoff in sich: Die Unterzeichnerstaaten wie Österreich müssten den Konzernen das vereinbarte Geschäfte- und Gewinnmachen in den Mitgliedsländern garantieren. Und zwar in den Bereichen Bau, Umwelt, Energie, Gesundheit, Lebensmittel, Rohstoffe, Patente, Verbraucherrechte, Arbeitsmöglichkeiten und vielem mehr. Sollten dann heimische Gesetze, Behörden oder gar Bürgerinitiativen die Geschäfte der Konzerne „stören", dann könnten auf Österreichs Steuerzahler

gigantische Entschädigungszahlungen in Milliardenhöhe zukommen.
Hier Beispiele aus der Praxis: Investoren könnten Schadenersatz wegen Profitentgang fordern, weil Österreich die Mindestlöhne von Arbeitern angehoben, strengere Umweltstandards eingeführt oder eine Bürgerinitiative den Bau einer Chemiefabrik verhindert hat. Tabakkonzerne könnten Schadenersatzverfahren wegen zu strenger Antirauchergesetze anstrengen. Energiekonzerne finanzielle Entschädigungen für den staatlichen Verzicht auf Atomkraftwerke fordern und Lebensmittelkonzerne wegen des Verbotes der Verabreichung von Wachstumshormonen bei Schlachttieren klagen.
Ich träume nicht so vor mich hin. Um den „Investitionsschutz“ hat sich weltweit bereits eine gewaltige Prozessindustrie entwickelt, die darauf spezialisiert ist, Staaten vor Gericht zu zerren und den Steuerzahler zur Kasse zu bitten. Es sind bereits mehr als 400 Millionen Dollar an Steuergeldern an Unternehmen bezahlt worden, die gegen das Verbot giftiger Substanzen, Wasser und Klimaschutzgesetze oder andere „investitionsfeindliche“ staatliche Regelungen geklagt haben.
Für jedes von mir aufgezählte Beispiel gab oder gibt es einen Musterprozess von Investoren gegen Staaten oder Regierungen. Derzeit sind noch Prozesse mit einem Gesamtstreitwert von rund 14 Milliarden Dollar anhängig. Allein im Falle von TTIP kämen rund 75.000 Unternehmen in den USA und der EU als potenzielle Kläger gegen alle möglichen staatlichen Gesetze und Maßnahmen infrage. Australien schließt bereits keine Verträge mit Investitionsschutzklauseln mehr ab.

Denn spätere Wahlen oder Protestaktionen könnten am einmal vereinbarten Inhalt eines solchen Abkommens nichts mehr ändern: Jede nachträgliche Vertragsänderung des unkündbaren TTIP bedarf der Zustimmung sämtlicher Signatarstaaten; ist also völlig unrealistisch. Von ganz besonderer Brisanz ist auch das Gremium, vor dem diese Investitionsschutzklagen künftig verhandelt werden sollen. Zuständig sind nicht mehr staatliche Gerichte, sondern „private" Schiedsgerichte unter UN- oder Weltbank-Aufsicht.

Damit soll Konzernen der Status von Nationalstaaten und eine Auseinandersetzung auf Augenhöhe verschafft werden. Diese teuren und aufwendigen Verfahren finden unter Ausschluss der Öffentlichkeit statt und enden (schon wegen der enormen Streitwerte und Prozessrisiken) nicht selten mit Vergleichen und hohen staatlichen Entschädigungszahlungen.

Seine Freiheit muss man sich im Nachhinein eben teuer erkaufen, wie das viertärmste Land Südamerikas, Ecuador, erfahren musste, dass jüngst von einem Schiedsgericht zu einer 2-Milliarden-Euro-Zahlung verurteilt wurde. Auf der Seite des verklagten Staates zahlen die Steuerzahler übrigens die Zeche (wer sonst?). Und zwar unabhängig davon, ob im Budget Mittel vorhanden sind oder nicht. Bei Nichtzahlung können gegen das Land, in unserem Fall Österreich, Handelssanktionen mit schweren wirtschaftlichen Folgen verhängt werden.

ERSCHIENEN AM 15.6.2014

SIE SAGEN MILLIONÄRE – UND MEINEN UNS!

Mithilfe der Klassenkampfparole von der „Millionärssteuer“ will die SPÖ unauffällig ein Gesetz im Paket beschließen, wonach steuerpflichtige Bürger dem Staat ihr gesamtes Hab und Gut unter detaillierter Angabe des Geldwertes melden müssen. Das ist ein ungeheuerlicher Angriff auf unser Eigentum und ebnet den Weg für die zu erwartenden Massenenteignungen.

Wie bringt man den Normalbürger, gleichsam einen nützlichen Idioten, dazu, ein Gesetzesvorhaben gutzuheißen, wonach Steuerpflichtige ihre gesamte Habe (Bargeld, Schmuck, Möbel, etc.) aufzulisten, den Wert der einzelnen Objekte in Euro anzugeben und dem verschuldeten, katastrophal wirtschaftenden Staat jährlich zu melden haben? Ganz einfach: Man inszeniert billig einen Klassenkampf und fordert die Einführung einer „Millionärssteuer“. Bereits der aufwieglerische Name ist hochraffiniert. Denn die Steuer täuscht vor, dass sie nur die Minderheit der „Millionäre“ treffen soll. Tatsächlich zielt sie schon jetzt auf den Mittelstand. Jeder dieser künftigen „Klassenfeinde“ soll künftig sein gesamtes Vermögen detailliert und fein säuberlich in Euro bewertet jährlich an das Finanzamt melden und dafür bezahlen müssen. Zu dumm nur, dass diese Steuer nur einen Bruchteil jenes Betrages bringt, den die SPÖ derzeit öffentlich propagiert. In der roten Parteizentrale existieren daher längst

Berechnungen, wie diese Steuer so richtig in Schwung käme, nämlich mit der Besteuerung auch weit geringerer Vermögen. Das platte Märchen vom Klassenkampf wäre diesfalls nur der wohldurchdachte Köder, um gutgläubige Menschen dazu zu bewegen, dem unglaublichen Tabubruch auf Offenlegung des gesamten Privatvermögens von Bürgern zuzustimmen. Ist das Gesetz erst einmal beschlossen, dann dürften wohl bald wir alle unsere gekauften, geschenkten oder ererbten Schmuckstücke, Uhren, Möbel, Bilder, die Lebensversicherung, unser Bargeld, den Kontostand, den Pkw, die vom Mund abgesparte und kreditfinanzierte Eigentumswohnung oder das selbst gebaute Haus bewerten, melden und dafür zahlen. Dass es hier nicht um den Kreis der „Millionäre", sondern um eine richtige Großveranstaltung geht, zeigte jüngst die international renommierte Boston Consulting Group auf. Sie sagte den europäischen Bürgern die eiskalte Massenenteignung voraus. Denn wegen der finanziellen Situation des Bankensektors und der hohen Staatsverschuldung in der Eurozone werden die Euro-Staaten (darunter Österreich) nicht nur Anleger und Sparer, sondern überhaupt alle Bürger über massive Steuern auf Vermögen und Erbschaften zur Kasse bitten. Mit der von der SPÖ propagierten Verpflichtung zur Privatvermögensangabe wäre der Staat in der Lage, jederzeit in unseren Wohnungen und Nachtkästen Nachschau oder Prüfungen abzuhalten, und gnade Ihnen Gott, es finden sich von Ihnen nicht angegebene Vermögensstücke. Die wirklich Reichen hingegen lässt man wie so oft ziehen. Denn Stiftungen und Firmenvermögen will die SPÖ von der Millionärssteuer ausnehmen. Für Hypo-Pleiten & Co. soll doch lieber der einfache Bürger mit seinem bereits x-fach versteuerten Vermögen geradestehen. Europa ist damit auf dem Weg zum Dritte-Welt-Staat. Denn wenn der Staat pleitegeht, geht natürlich nicht der Staat pleite, sondern seine Bürger. Eine Partei, die das forciert, sollte in keiner Regierung vertreten sein.

ERSCHIENEN AM 15.6.2014

„WIR MÜSSEN MIT ALLEN ERLAUBTEN MITTELN MOBILISIEREN!"

Werner Lampert (67) gilt als Bio-Pionier. Seit 40 Jahren setzt er sich für faire Konsumgüter und Nachhaltigkeit ein. Im „Krone"-Interview warnt er vor der Bedrohung unserer Lebensmittel durch das EU-Freihandelsabkommen.

Die EU und die USA verhandeln derzeit über das Freihandelsabkommen TTIP. Was bedeutet das aus Ihrer Sicht für die Landwirtschaft und den Konsumenten?
Die USA haben eine massive Überproduktion an Rindfleisch, an Hühnern sowie an Getreide. Getreide heißt in den USA Mais, Weizen, Soja, das dort großflächig angebaut wird. Durch das Freihandelsabkommen könnten diese unerhörten Monokulturen auch auf uns zukommen. Auch Gentechnik sowie der Hormoneinsatz in der Rinderhaltung sind erlaubt. Das halte ich für sehr gefährlich. In den USA ist die Landwirtschaft verbunden mit der Industrie. Es ist eine Landwirtschaft, die auf Globalität aufgebaut ist. Dort bearbeiten oder bewirtschaften 750.000 Bauern eine ähnliche Fläche wie 13.000.000 Bauern in Europa. An diesen Zahlen erkennt man, dass wir noch eine bäuerliche Landwirtschaft haben. Durch TTIP sehe ich die Qualität der Lebensmittel gefährdet, der Konsument wäre hier der Hauptbetroffene. In der Globalität ist niemand für seinen Nachbarn und für seinen Nächsten verantwortlich, und deshalb müssen die Konsumenten mit allen erlaubten Mitteln dagegen mobilisieren.

Sie meinen jetzt das Chlorhuhn und Hormonfleisch?
Also gerade wenn man das Chlorhuhn als Beispiel betrachtet, sieht man, dass sich unsere Hühnerhaltung ins Positive entwickelt hat, woran auch die „Kronen Zeitung" maßgeblich beteiligt war. Unsere Art von Landwirtschaft braucht keinen Chloreinsatz. Sie ist nicht infiziert mit Keimen, die man mit Chlor abtöten muss. Das wäre natürlich schrecklich, wenn billige Hühner auf den Markt kämen, denn all das, was in den letzten 10 Jahren aufgebaut worden ist, würde wieder zusammenbrechen.

Und das oft zitierte Hormonfleisch und der Genmais?
Die Tiere werden immer mehr zu Produktionsgegenständen, sowohl bei der Milch- als auch bei Fleischgewinnung. Hormonfleisch ist natürlich der höchste Ausdruck der totalen Ausbeutung. Das Vieh hat nur noch eine Funktion: in kürzester Zeit so viele Kilos zuzunehmen wie möglich. Und eigentlich hat es kein Leben vor dem Tod. Dann kommen natürlich die persönlichen Gesundheitsaspekte dazu. Ich möchte kein Hormonfleisch essen und möchte auch nicht, dass meine Kinder mit Hormonfleisch genährt werden. Wir haben in Österreich schon noch sehr gesunde und sehr gute Lebensmittel. Wir haben durchaus etwas zu verlieren. Deshalb sollten wir Widerstand leisten. Seit genmanipulierte Pflanzen im Einsatz sind, ist der Pestizideinsatz enorm gestiegen. Vollkommen unabhängig davon, ob wir gentechnisch manipulierte Lebensmittel haben möchten oder nicht: Die Gentechnik bringt uns gar nichts.

Kann eine rein bäuerliche Landwirtschaft die Welt überhaupt ernähren? Und ist „Bio“ nicht teurer als Industrie? Wie soll man die Menschen von Bio überzeugen, wenn das industrielle Produkt günstiger ist?
Der Großteil der Weltbevölkerung wird über eine Landwirtschaft ernährt, die eine rein bäuerliche Landwirtschaft und keine industrialisierte Landwirtschaft ist. Offensichtlich ist das also möglich. Und in die derzeitigen Preise muss auch alles das eingerechnet werden, was ökologisch an Schäden angerichtet wird. Da wären die Fleischpreise wahrscheinlich 10-mal so hoch. Die industrialisierte Landwirtschaft zerstört die Böden und das Wasser. Sie baut nichts mehr auf, sondern frisst Ressourcen auf. Zudem braucht die industrielle Landwirtschaft Futtermittel von überall in der Welt und muss sie zukaufen. Das heißt, man muss in Argentinien, Brasilien, Paraguay Landschaften vernichten, um die Viecher füttern zu können. Der Regenwald wird zerstört, die indigenen Völker werden ausgelöscht. Die Versklavung sowie die Armut nehmen enorm zu. Die globalisierte Landwirtschaft ist zudem extrem von der Erdgas- und Erdölindustrie abhängig. Eine Kostenwahrheit existiert nicht, weil derzeit die Allgemeinheit, also wir, die Kosten für diese Schäden übernimmt. Wir haben hier eine enorme Verfälschung.

Sind die Lebensmittelpreise in Zukunft dann noch zu halten?
Heute geben wir etwa 12%–15% von unserem Einkommen für Lebensmittel aus, also das ist doch eine Zeit, von der wir dann in baldiger Zukunft nur noch träumen können. Es wird schon gegen 25% gehen.

Sie sprechen immer wieder davon, dass nur die bäuerliche Landwirtschaft die Menschen in der Krise ernähren kann.
Ja! Nur die regionale Landwirtschaft kann uns die Versorgungssicherheit bringen. Die industrielle Landwirtschaft ist keine Landwirtschaft, die autonom leben und arbeiten kann. Das heißt, sie ist sehr abhängig. Sie ist krisenabhängig. Bei der nächsten Krise wird diese Landwirtschaft kollabieren. Deshalb ist es vollkommen sinnlos, auf so eine Landwirtschaft zu setzen. Die Versorgung mit Lebensmitteln wird das größte Problem der nächsten 20 Jahre sein. Und die Gefährdung unserer Ernährungssicherheit ist nicht nur real, sondern sogar hochdramatisch. Wir steuern auf eine Erderwärmung zu, von der niemand weiß, wie sich diese auswirken wird und wie sehr sie die Landwirtschaft beeinträchtigen wird. Außerdem haben wir das Problem der Überbevölkerung. Derzeit spricht man von 7,2 Milliarden Menschen, im Jahr 2100 könnten es bereits 15 Milliarden sein. Weiters existiert das Problem mit sauberem Süßwasser, das weltweit immer knapper wird. Der Mangel an Ressourcen wird eine Veränderung des Angebots der Lebensmittel bewirken, und das halte ich für eine gefährliche Situation, auf die wir zusteuern. Nur wenn wir eine starke regionale Landwirtschaft haben, die mit dem Charakter der Region arbeitet, dann steht es gut um uns. Und es ist jetzt an der Zeit, um dieses Gut zu kämpfen und es zu bewahren. Deshalb sollten wir wirklich viel Aufmerksamkeit dort hinlegen.

Was ist eigentlich die oft zitierte Gefahr für das Saatgut?
Die Monopolisierung des Saatguts. Dass niemand anderes das Saatgut vermehren kann und dass alles untersagt wird.

Also dass wir vollkommen abhängig von drei großen Konzernen werden, die das Patent darauf haben. Es gibt von Henry Kissinger einen Satz aus den 80er-Jahren: „Wer die Nahrung kontrolliert, kontrolliert die Menschen." Das heißt, wer das Saatgut kontrolliert, der kontrolliert die Welt. Das wird in den nächsten 20 bis 30 Jahren ein stetiger Kampf, den wir bestehen müssen.

Welche Forderung haben Sie abschließend an die Politik?
Ich wünsche mir von der Politik, dass sie den Nutzen und das Wertvolle an der bäuerlichen Landwirtschaft erkennt und dass sie diese in Zukunft unterstützt und fördert, damit sie wirklich eine Zukunft hat.

ERSCHIENEN AM 29.6.2014

DER GROSSE SCHLUSSVERKAUF

Der ÖGB will mit der beispiellosen „Lohnsteuersenkungs-Kampagne" auch die Einführung von Vermögenssteuern propagieren. Im Herbst soll dann ein Volksbegehren mit bis zu einer Million Unterschriften starten. Im Falle der Umsetzung wird es wie in Japan und Spanien zu einer gigantischen Vernichtung von Volksvermögen kommen.

Egal, welches Märchen man Ihnen bald erzählen wird: Vermögenssteuern können eine Steuerreform nur gegenfinanzieren, wenn möglichst viele Bürger möglichst massiv davon betroffen sind. Alleine der unfassbare Hypo-Skandal kostet 18 Milliarden Euro, und die Stadt Wien hat Rekordschulden von 4,6 Milliarden Euro. Das wird eine Hand voll Millionäre nicht bezahlen können, selbst wenn man sie enteignet. Und damit ist auch gleich die Marschrichtung der Parole „Her mit der Vermögenssteuer" klar. Um die jahrzehntelange Misswirtschaft und den beispiellosen österreichischen Schulden- und Funktionärsstaat ohne Reformen dreist weiter zu finanzieren, will man nun wohl den Zugriff auf das Privatvermögen der Bürger. Dass ausgerechnet der ÖGB für eine derartige Kampagne Geld ausgibt, ist ein wahrer Treppenwitz. Zuletzt hatte er seinen „legendären" Streikfonds im Zuge von Spekulationen mit karibischen Briefkastenfirmen verjuxt und stand jahrelang vor der Pleite.

Sie werden also von den Damen und Herren Polit-Funktionären in den nächsten zwei Monaten in der groß angelegten „Lohnsteuersenkungs-Kampagne" nichts über Misswirtschaft, dafür aber sehr viel über das „schier unglaubliche Privatvermögen der Österreicher" zu hören bekommen. So will man Ihnen den Blankoscheck auf die Vermögenssteuer entlocken. Das „schier unglaubliche Privatvermögen" ist Ihre Altersvorsorge und alles von Wert, was Sie so landläufig besitzen (das Auto, der Schrebergarten, die kreditfinanzierte Wohnung oder das selbst gebaute Haus, der Ehering, die geschenkte Uhr, die Lebensversicherung und so fort).

Aber spielen wir die Vermögenssteuer einmal durch: Die Wenigsten von uns haben so viel Bargeld oder laufende Einkommen, um Jahr für Jahr für den bloßen Besitz ihrer Wertsachen zu bezahlen. Viele sind in Pension, haben Kinder oder sind Alleinverdiener. Wem daher sein Auto oder sein Wohnsitz aufgrund der jährlichen Vermögenssteuer zu teuer wird, wird verkaufen müssen (wobei die „Einnahmen" aus diesen Verkäufen natürlich zu versteuern sind). Die vielen Verkäufe führen zu einem Überangebot und Preisverfall. Plötzlich sind die Bankschulden höher als der Wert des Hauses. Und schon sitzt man in der Schulden- bzw. Armutsfalle. Der private Konsum geht wegen der neuen Steuerlast zurück, die Gewinne und Aktienkurse der Unternehmen leiden darunter, und es kommt zu Standortschließungen und steigender Arbeitslosigkeit. Am Ende verringert sich die Geldmenge, Bankhäuser kollabieren oder vergeben keine Kredite mehr. Das alles kennt man aus Japan und Spanien, denn dort gab es diese katastrophalen Entwicklungen bereits. Die Super-reichen hingegen parken ihr Geld in Stiftungen, verlegen ihre Firmensitze, ziehen ihr Kapital ab und wandern weiter. Einmal in Gang gesetzt, kann die Abwärtsspirale kaum noch kontrolliert, geschweige denn gestoppt werden. Davor warnen die Europäische Zentralbank und der Internationale Währungsfonds Europa längst eindringlich. Das Ungeheuer hat übrigens auch einen Namen: „Deflation". Und das ist nicht die Umverteilung von Volksvermögen, sondern dessen Vernichtung.

ERSCHIENEN AM 6.7.2014

WAS IST DIE WIRKLICHKEIT?

Was ihr nicht faßt, das fehlt euch ganz und gar,
Was ihr nicht rechnet, glaubt ihr, sei nicht wahr,
Was ihr nicht wägt, hat für euch kein Gewicht,
Was ihr nicht münzt, das, glaubt ihr, gelte nicht.
Goethe, Faust II

Viele Menschen lehnen Religion ab, da sie mit „der Wirklichkeit" schlicht nicht vereinbar sei. Wir stammen vom Affen ab, 1+1=2 und Tote können nicht auferstehen. Daran, so scheint es, kommt niemand vorbei. Das ist die Wirklichkeit. Wie sehr wir uns aber darüber, was die Wirklichkeit ist, täuschen können, sei an einem konkreten Beispiel erklärt: Jeder Mensch besitzt eine Uhr und kann mit dem Begriff „Zeit" etwas anfangen. Wenn man um 8 Uhr aus dem Haus geht und um 9 Uhr am Arbeitsplatz ankommt, dann ist eine Stunde vergangen. Eine Stunde ist eine Stunde (und zwar überall auf der Welt). Und um 9 Uhr gehört ein Ereignis, das um 8 Uhr eingetreten ist, bereits der Vergangenheit an. Einmal Geschehenes kann nicht mehr rückgängig gemacht werden; das weiß jedes Kind. Niemand wird diese Alltagserfahrung ernsthaft bestreiten. Physikalisch gesehen ist dieser Zeitbegriff falsch, wie Einsteins lehrt: „Denn", so einer der Lehrsätze der spezielle Relativitätstheorie, „ein schneller als mit Lichtgeschwindigkeit bewegter Körper verhält sich zeitlich rückläufig". Das klingt kompliziert, ist aber leicht erklärt. Würde demnach ein Mensch in einem Raumschiff ins All fliegen und mit Lichtgeschwindigkeit 60 Jahre unterwegs sein, so wären auf der Erde nicht 60, sondern bereits 50 Millionen Jahre vergangen. Oder noch besser: Stellen Sie sich vor, bei Herrn A tritt um 12 Uhr ein bestimmtes Ereignis ein. Herr A sendet um exakt 12 Uhr die Nachricht von diesem Ereignis mit über Lichtgeschwindigkeit an Frau B, die mehrere Millionen Kilometer entfernt wohnt. Die Nachricht erreicht Frau B um 11 Uhr, was bedeutet, dass Frau B diese Nachricht empfängt, noch bevor das Ereignis überhaupt stattgefunden hat und Herr A seine Nachricht übermitteln konnte. Frau B sendet die von A „erhaltene" Nachricht an Herrn A zurück, bei dem sie wiederum um 10 Uhr ankommt. Herr A kennt nun ein Ereignis, dass erst in 2 Stunden eintreten wird und könnte es verhindern. Unsere Welt steht Kopf. Die Zukunft beeinflusst die Vergangenheit. Wie ein Film, den man zurückspult. Was sich als heiteres astrophysikalisches Gedankenspiel ausnimmt, ist die Realität und lässt uns unsere tausendfach bestätigte Auffassung von Wirklichkeit bezweifeln. Damit erreicht die Physik, was viele Priester nicht vermitteln können. Nämlich, dass wir vom Wunder dieser Welt erfasst werden. Und das ist nicht die Folge von Religion, sondern deren Voraussetzung.

ERSCHIENEN AM 13.7.2014

DIE SPRACHVERORDNERINNEN

Die drollige Affäre um Andreas Gabalier zeigte vor allem eines: Politiker wollen uns mit „von oben angeordneten" Sprachvorschriften erziehen. Das verstößt nicht nur gegen den Geist der Demokratie, sondern zeugt oft von belustigender Sprachunkenntnis und Schlichtheit des Gemüts.

Der Fall Gabalier dient als Paradebeispiel: Frau Rauch-Kallat organisierte in einer Nacht-und-Nebel-Aktion eine Abstimmung über den Text unserer Bundeshymne. Eine Volksabstimmung gab es nicht. Eine Mehrheit hätte es nie gegeben; es war also eine Art „Hymnen-Staatsstreich" und das sollte sich rächen. Aus dem dichterisch-übertragenen „Heimat bist Du großer Söhne" machten sie schenkelklopfend einen holprigen „Töchter / Söhne"-Firlefanz. Dass der ursprüngliche Text natürlich nicht wörtlich gemeint war, zeigt sich daran, dass „die Heimat", also ein Land, bekanntlich „keine Söhne" haben kann. Die neue Version macht die Dichtung nun peinlich banal. Wenn schon so hätten die Abgeordneten wie in der Neujahransprache „ÖsterreicherInnen! Ach' seid ihr großer Töchter / Söhne" zusammenreimen müssen. Der Musiker Gabalier erkannte die Textschwäche und sang die alte Version. Der Rest ist bekannt: Die den Sänger selbstgefällig schulmeisternde, im Amt sonst aber überforderte Frau Heinisch-Hosek wurde Opfer eines „Shitstorms" im Internet (das ist Neudeutsch und bedeutet übersetzt: „Scheißesturm". Dazu passt sprachlich der

„Schließmuskel-Vergleich“ der Frau Rauch-Kallat in ihrem Fernsehauftritt).
Wie sagt man neuerdings: „Wehe dem, der lügt“? Antwort: „Wehe der /dem, die /der lügt“. Hier auch eine „im Stil der neuen Bundeshymne“ geschriebene Bestimmung unserer Bundesverfassung:
„Dauert die Verhinderung der Bundespräsidentin oder des Bundespräsidenten, deren oder dessen Funktion zunächst auf die Bundeskanzlerin oder den Bundeskanzler übergegangen ist, länger als 20 Tage, so üben die Präsidentin oder der Präsident, die zweite Präsidentin oder der zweite Präsident und die dritte Präsidentin oder der dritte Präsident des Nationalrates als Kollegium die Funktionen der Bundespräsidentin oder des Bundespräsidenten aus“.
Oder nehmen Sie das nervende Binnen-I (Sie wissen schon: RadfahrerInnen, MitgliederInnen, usw.). Sie werden es im Duden nicht finden. Dennoch verwendet es die Stadt Wien beharrlich auf ihrem Internetportal. Sollen wir also Michael Häupl bei der Wien-Wahl 2015 als „BürgerInnenmeisterInkandidatIn“ bezeichnen? Will er so genannt werden? In welchem Tonfall und mit welchem Gesichtsausdruck sagt man „Liebe MitgliederInnen“, damit auch die Männer sich angesprochen fühlen? Fördert die Stadt Wien hierfür einen Schauspielkurs?
Um diese Probleme auf einen Schlag zu lösen, soll nun auch das Binnen-I abgeschafft werden. Statt ProfessorIn oder StudentIn sollen wir künftig „Professx“ oder „Studierx“, Plural „Professxs“ und „Studierxx“, sagen (Und statt Hornochse? Richtig: Hornox).

Nein, was wir von der Frauenbewegung der ersten Stunde wirklich gelernt haben sollten, ist, uns keinem Tugenddiktat – von wem auch immer – zu beugen. Denn die Sprache gehört uns und nicht den Politikern. Der Ungehorsam im Fall Gabalier steht genau dafür.

ERSCHIENEN AM 20.7.2014

EIN WETTERLEUCHTEN?

Im Windschatten der Fußball-WM fasste der EU-Ministerrat einen Beschluss, der den europaweiten Einsatz von Polizeikräften und Militärs gegen die eigenen Bürger ermöglicht. Generalstreiks, Hungerunruhen, Massenproteste gegen Sparpakete oder Energieknappheit könnten zum Einsatzfall werden. Wappnen sich Europas Eliten für den Zerfall des Mittelstandes und Aufstände der Bürger?

Europa blickte zu den täglichen Vorrundenspielen nach Brasilien, da fasste der EU-Ministerrat blitzschnell und diskret einen Beschluss von ungeheurer Tragweite: Die Umsetzung des seit Jahren höchst umstrittenen Artikels 222 des Vertrages von Lissabon, der „Solidaritätsklausel". Das Thema stand weder auf der offiziellen Tagesordnung noch wurden die Medien darüber informiert. Erst nach der Beschlussfassung gab es eine lapidare, nichtssagende Pressemeldung. Das zeitliche Zusammenfallen mit der Fußball-WM war brillant organisiert.
Ab jetzt kann jeder Mitgliedsstaat Polizeikräfte und Militärs aus dem EU-Ausland herbeirufen, wenn eine von Menschen „hervorgerufene Katastrophe" die eigenen Bewältigungskapazitäten übersteigt. Dieser höchst umstrittene Gummiparagraph ließe Generalstreiks, Hungerproteste oder Unruhen wegen Energieknappheit oder Sparpakete zum Einsatzfall werden, sofern der Staat diese Proteste selbst nicht mehr niederschlagen kann. Oder die (Drecks-)Arbeit jemanden anderen machen lassen will.

Es gibt weltweit kein Gesetz ohne Anlassfall oder akute Bedrohung. Diese überfallsartige „Nacht und Nebel"-Beschlussfassung ist daher höchst alarmierend. Rüstet sich Europas politische Elite gegen Aufstände der eigenen Bürger?
Die heraufdämmernden Folgen des dramatischen Zerfalls des Mittelstandes, der auch in den reichen EU-Ländern eingesetzt hat, sind längst unübersehbar: In der weltweiten Finanz- und Wirtschaftskrise kam es zu einer gigantischen Umverteilung des Vermögens hin zu einer kleinen Finanz-Elite. Diese Super-Reichen waren und sind für die Staaten aber nicht greifbar. Greifbar ist nur der Bürger. Er musste für den angezählten Bankensektor und die verantwortungslose Staatsverschuldung bezahlen und soll über massive Steuern auf Sparguthaben, Vermögen und Erbschaften weiter zur Kasse gebeten werden. Das zerstört jene Schicht, die für alle Sozialabgaben aufkommt und könnte Europa auf Jahrzehnte in einen Dritte-Welt-Kontinent verwandeln.
Wie gefährlich weit die Schere zwischen Arm und Reich schon aufgegangen ist, zeigt eine neue OECD-Studie mit dramatischer Warnung. Der OECD-Generalsekretär spricht sogar wörtlich von einem „Lumpenproletariat" (ja, diesen Ausdruck haben wir seit dem 19. Jahrhundert nicht mehr gehört). Auch London fürchtet soziale Unruhen und kauft schwere Wasser-Kanonen zu. Die deutsche Bundeswehr errichtet um 100 Millionen Euro eine künstliche Übungsstadt und kann sich auf bürgerkriegsähnliche Konflikte im eigenen Land vorbereiten. In den USA, wo die Ungleichheit seit der Krise noch stärker zu Tage trat, kauft die Polizei schwere Waffen der Armee an. Eine Revolution der „Mistgabeln" (ja, auch diesen Ausdruck haben wir lange nicht

mehr gehört) wird in einem offenen Brief eines amerikanischen Milliardärs an seine Mit-Milliardäre befürchtet. In London gab es wegen dieser gefährlichen Entwicklung jüngst eine Konferenz von 250 Super-Reichen (sie vertraten ein bescheidenes Vermögen von 30.000.000.000.000,– bzw. dreißigtausend Milliarden Dollar) und Vertretern des IWF und der Zentralbanken.

Das gemahnt unheilvoll an den Vorabend der Französischen Revolution: An deren Ende stand nicht „soziale Brüderlichkeit für jedermann“, sondern – nach einer gewaltigen Blutspur – Napoleon.

ERSCHIENEN AM 3.8.2014

GIBT ES EIN UNENTRINNBARES SCHICKSAL ODER IST IM LEBEN ALLES ZUFALL?

Am 17. Juli 2014 gegen 13:20 Uhr stürzte die auf dem Flug mit der Nummer MH 17 befindliche Boeing der Malaysia Airlines über dem Gebiet der Ukraine ab. Alle 298 Insassen kamen ums Leben. Was wäre gewesen, wenn einzelne Passagiere die Maschine versäumt, einen späteren Flug gebucht oder die Reise verschoben hätten. Diese oder ähnliche Fragen quälen Angehörige oft den Rest ihres Lebens und lassen sie nie mehr los: War es vorherbestimmt oder ein tragischer Zufall?

Die neuesten Erkenntnisse der Gehirnforschung geben hierauf eine sehr klare Antwort: Die Insassen hatten keine Wahl, sie mussten den Todesflug MH 17 nehmen. Denn unser Gehirn spielt nicht Lotto, sondern folgt ganz starren „mechanischen“ Prozessen. Bei jeder einzelnen Entscheidung in unserem Leben beziehen wir unser gesamtes Wissen, das bewusste und unbewusste, unsere individuellen körperlichen Bedürfnisse, Wünsche und Komplexe ein; auch beim Buchen oder Besteigen eines Flugzeuges. Im Augenblick der Entscheidung (also: ich fliege mit MH 17) können wir uns nicht anders entscheiden, als mit MH 17 zu fliegen, auch wenn wir glauben, jederzeit anders handeln zu können (also: nicht zu fliegen oder eine andere Maschine zu nehmen). Alles in uns „zwingt“ uns, diesen Flug MH 17 zu buchen, ihn nicht zu versäumen, rechtzeitig in der Früh aufzustehen und einzuchecken usw. Einem anderen Menschen wäre unter denselben Umständen das Unglück nicht passiert – er hätte gezögert und keinen Platz mehr bekommen, verschlafen oder die Reise erst gar nicht angetreten. Nach den neuesten neurowissenschaftlichen Erkenntnissen ist unser Leben eine einzige Kettenreaktion, ein gigantischer Dominoeffekt. Bei allem, was wir tun, haben wir in Wirklichkeit keine Wahl.

Das Leben als unentrinnbares Schicksal. Davon war schon das Philosophengenie Immanuel Kant überzeugt.

Und was wäre demzufolge, wenn wir einen Computer hätten, der alle Menschen und Naturereignisse von Grund auf erfassen und auswerten könnte? Richtig: Wir könnten die Zukunft vorhersagen. Wir wüssten beispielsweise, dass Herr A morgen um 10:15 (und nicht um 10:17) diese (und keine andere) Straße entlang gehen wird (A kann ja nicht anders) und der lockere Dachziegel aufgrund einer um 10:15 einsetzenden Luftbewegung (die Folge eines in ganz Europa einsetzenden Wettertiefs) herabfallen und ihn treffen wird, weil A (natürlich) den rechten und nicht den linken Gehsteig (zwanghaft) benützt, obwohl jeder andere Passant aufgrund der vorhandenen Baustelle die Straßenseite wechselt. Demnach gibt es im Leben keine Zufälle, sondern nur mathematische Vorherbestimmung. Ein schwacher Trost für die Angehörigen.

Ich bin überzeugt, dass die Neurowissenschaft hier irrt. Sie greift zu kurz. Sie vernachlässigt – um mit Viktor Frankl zu sprechen – die Dimension des Menschlichen. Denn selbst die exakteste aller Wissenschaften, die Physik, rechnet mit

Zufällen, Chaos und Wahrscheinlichkeiten. Die Namen der Theorien sagen es bereits: Heisenbergs „Unschärferelation“ (unscharf, relativ), Einsteins „Relativitätstheorie“, die „Chaosforschung“ oder die „Wahrscheinlichkeiten“ in Plancks „Quanten-Theorie“. Danach kann der Mensch frei wählen – trotz seiner Gene, der Umwelteinflüsse oder seiner körperlichen und geistigen Fähigkeiten. Es gibt eben dieses „Quäntchen“ Freiheit, den Zufall, das Chaos.
Aber ganz gleichgültig, was man nun glauben mag: Alle diese Überlegungen unterstreichen die enorme Wichtigkeit von Moral und Gesetz. Denn sie bilden die „äußere“ Gegenmotivation zu unseren „inneren“ Zwängen. Sie sind die Stolpersteine im Leben, die uns „zwingen, die Straßenseite zu wechseln“, auch wenn uns das zutiefst zuwiderläuft. So hat es wohl auch Goethe gesehen, indem er sagt: „Nach seiner Art zu leben, ist gemein. Der Edle strebt nach Ordnung und Gesetz“.

ERSCHIENEN AM 10.8.2014

UND DIE NÄCHSTE SKANDAL-BANK GERETTET!

Portugal beschloss die milliardenschwere Rettung der von einer berüchtigten portugiesischen Oligarchen-Familie beherrschten Skandal-Bank „Espirito Santo“ (BES); und zwar praktischerweise mit fremden Steuergeld. Nämlich unserem.

Die BES-Bank war wegen des totalen Aufsichtsversagens der portugiesischen Zentralbank, fauler Kredite, fahrlässiger Unternehmensführung und krimineller Machenschaften eines tief mit dem politischen Filz verstrickten Oligarchen-Clans in arge Turbulenzen geraten und benötigte über Nacht etwa 6,4 Milliarden Euro. Portugal griff wie selbstverständlich in die Kasse des Euro-Rettungsfonds, und die Kommission in Brüssel – allen voran der Portugiese Barroso – hatte nichts dagegen einzuwenden. Nicht etwa der Oligarchen-Clan dieser „Bank des Regimes“ oder gar die an dem Skandal schuldigen Ignoranten stellten das Geld bereit (wie kämen die auch dazu), sondern der unbeteiligte europäische Steuerzahler. Ja, liebe Genossinnen und Genossen, das ist sie also: jene Umverteilung und internationale Solidarität, für die wir künftig im Hamsterrad rennen dürfen.

Die Aussichten, unser Steuergeld jemals wiederzusehen, sind sehr bescheiden. 2011 wurde Portugal unter den EU-Rettungsschirm gestellt. Das Land erhielt 78 Milliarden Euro. Als Gegenleistung für diese Finanzspritze hatte die Regierung Portugals diverse Spargesetze zu fassen, die hinterher

das portugiesische Verfassungsgericht einfach wieder aufhob. Das erwies sich als recht praktisch, vereinfachte vieles und zeigte, dass Sparen nicht überall auf der Welt eine Tugend ist.
Rein zufällig sieben Tage vor den EU-Wahlen erreichte Resteuropa dann die schier unglaubliche Jubelmeldung: Portugal könne den Rettungsschirm verlassen. Die Finanzmärkte hätten wieder Vertrauen gefasst, die Wirtschaft habe sich erholt. Tatsächlich handelte es sich um einen plumpen Taschenspielertrick: Die Entspannung war schlicht darauf zurückzuführen, dass die EZB (also: wir) und die Euro-Staaten (also: wir) den internationalen Investoren garantierten, ihnen im Fall der Staatspleite Portugals ihre wertlosen Schrottpapiere abzukaufen. Und schon gab es ein Bonus- und Kursfeuerwerk bei den Banken, Hedgefonds und Spekulanten, die einmal mehr auf den richtigen Gaul (Steuerzahler) gewettet hatten.
2014 stand dann eine Vielzahl von portugiesischen Staatsanleihen zur Rückzahlung an die Gläubiger an. Um die eigene Staatskasse mit dem Bezahlen von Schulden nicht unnötig zu belasten, einigten die Portugiesen sich mit ihren Geldgebern darauf, die Rückzahlung doch noch ein wenig aufzuschieben. Für ihr freundliches Zuwarten erhielten die Gläubiger eine erhebliche Menge Geld. Sie erraten es: Das Geld des europäischen Steuerzahlers. Und schon gab es wieder ein Bonus- und Kursfeuerwerk bei den Banken, Hedgefonds und Spekulanten, die einmal mehr auf den richtigen Gaul (Steuerzahler) gewettet hatten.
So, und nun ersetzen Sie Portugal durch Griechenland oder irgendein anderes der Euro-Krisenländer und beden-

ken, dass deren Bankenschulden 9,3 Billionen Euro (EUR 9.300.000.000.000,– oder 9.300 Milliarden Euro) betragen, und dann wissen Sie, wohin die Reise für uns geht, wenn wir diese gefährliche Entwicklung nicht stoppen.
Ein Weg wäre der von namhaften Ökonomen geforderte (zumindest zeitweise) Austritt der Krisenländer aus der Eurozone. Aber diese Gedanken sollte sich besser unsere Regierung machen.

ERSCHIENEN AM 17.8.2014

DER SCHLAFENDE RIESE IST ERWACHT

Die Finanzsanktionen gegen Russland wirken wie ein gewaltiger Brandbeschleuniger im globalen Währungskrieg mit China. Der schwache Euro ist dem auf Dauer nicht gewachsen. Unsere Regierung sollte das Staatsgold besser rasch im Inland lagern.

Der Konflikt mit Russland zeigte einen Vorgang mit noch nie dagewesener Offenheit: Den Ausschluss eines Staates aus dem Finanzsystem als neues Instrument der EU- und US-Außenpolitik.

Alle Kredite der Weltbank an Russland sind blockiert. Aus den USA und von US-Bürgern dürfen keine Finanzierungsgeschäfte mehr mit russischen Banken getätigt werden. Über Kreditinstitute werden Milliardenstrafen verhängt. Der Zugang zu den EU-Finanzmärkten für (mehrheitlich staatliche) russische Geldhäuser ist erschwert; ihnen ist der Handel mit Anleihen in der EU verboten und die Platzierung von Wertpapieren an den EU-Börsen untersagt. Ob zu Recht oder Unrecht: Russland wird vor der Weltöffentlichkeit planmäßig aus dem internationalen Finanzsystem ausgeschlossen.

China sieht darin einen schweren Machtmissbrauch des Westens und eine ernsthafte Bedrohung. Diese außenpolitische Entwicklung wirkt nun wie ein gewaltiger Brandbeschleuniger dahin, den internationalen Handel künftig nicht mehr in Dollar oder Euro abzuwickeln, damit derartige Straf-Finanzsanktionen gegen die eigene Volkswirtschaft unmöglich werden.

Ein erster Vorgeschmack war die Unterzeichnung des russisch-chinesischen 400-Milliarden-Dollar-Gas-Deals in Chinas Währung „Yuan", obwohl nur der US-Dollar seit 1971 die weltweite Rohstoffleitwährung ist. Peking will nun auch, dass die übrigen Erdöl- und Erdgasproduzenten den Yuan akzeptieren. Und die Chancen dafür stehen nicht schlecht. Das Riesenreich im Osten ist einer der größten Energie-Wachstumsmärkte und hat die USA an Wirtschaftskraft längst übertroffen. Für die Golfstaaten ist eine Annäherung eine strategische Absicherung. Mit 30 Zentralbanken, unter anderem den arabischen Emiraten, hat China bereits Devisen-Tauschvereinbarungen und im April gab es eine öffentliche Erklärung von 23 Staaten, ab sofort Yuan-Reserven zu halten. In Brasilien und Indien läuft das Reich der Mitte offene Türen ein. In Europa buhlen die besten Finanzplätze darum, sich als Zentren für den Handel mit dem chinesischen Yuan zu etablieren.

Weit bedeutender ist aber, dass China der weltweit größte Goldproduzent ist, und zwar dicht gefolgt von – ja, von wem? Russland! Das Gold dient beiden Ländern dazu, in diesem erbitterten Währungskrieg die eigene Zahlungsfähigkeit auch in der Krise zu erhalten und langfristig eine neue Welt-Reservewährung zu etablieren, die zum Teil wieder Golddeckung hat.

Für die EU und damit Österreich ist das alles fatal. Denn der Euro ist eine reine Papierwährung; ein bunt bedruckter Schein eines völlig überschuldeten Finanzsystems, sonst nichts. Er lebt vom Vertrauen der Anleger und das ist seit der maßlosen EU-Schuldenpolitik und den unzähligen Rettungsmaßnahmen für die Krisenländer dahin. Es ist mittlerweile völlig klar, dass viele Euro-Staaten ihre astronomischen Schulden nie zurückzahlen können und die Währung in akuter Lebensgefahr schwebt. Im Unterschied zum US-Dollar, hinter dem eine militärische Supermacht steht, hält der Euro einen dauerhaften Währungskrieg gar nicht aus. Das hätte man sich in Brüssel vielleicht vorher überlegen sollen.

Österreich muss reagieren und zumindest den sofortigen Zugriff auf unser Staatsgold sicherstellen. 84 % unserer Reserven lagern im Ausland. Die rascheste Rückführung ist zu veranlassen, denn sonst – um es mit John Steinbeck zu sagen – „ist die Zukunft da, ehe wir ihr gewachsen sind".

GLOSSAR

Summum crede nefas animam praeferre pudori
et propter vitam vivendi perdere causas.

Juvenal